Lisl Wagner-Bacher
Christoph Wagner

ZU GAST IN DER Wachau

KULINARISCHE PLAUDEREIEN
UND KÖSTLICHE REZEPTE

Mit Fotos von
Kurt-Michael Westermann

Pichler Verlag

ISBN 978-3-85431-454-7

Wien · Graz · Klagenfurt
www.pichlerverlag.at

Foodstyling Lisl Wagner-Bacher
Thomas Dorfer

Fotos Kurt-Michael Westermann

Lektorat Ernst Grabovszki

Buchgestaltung Bruno Wegscheider

Reproduktion Pixelstorm, Wien

Druck und Bindung Druckerei Theiss GmbH
St. Stefan im Lavanttal

Printed in Austria

Inhalt

Das Herz am rechten Marillenfleck

Einstimmung auf die Reise durch ein „Weltkulturerbe“ für Genießer

Vor Ihnen liegt, liebe Leserinnen und Leser, nicht einfach ein weiteres Regionalkochbuch. Die Wachau ist schließlich auch keine Region wie viele andere. Sie ist vielmehr eine Weltanschauung, ein Stück gelebtes Glück, Landschaft gewordener Hedonismus. Die Wachau ist längst nicht nur von regionaler, sondern von „weltkultureller“ Bedeutung, sie gehört der Welt des Genusses.

Die Wachauer selbst haben das schon immer schon gewusst. Spätestens seit der Europarat 1993 das begehrte Diplom „Protected Landscape“ vergab, weiß auch Europa, was es an seiner Wachau hat. Und seit dem Beginn des neuen Jahrtausends weiß es schließlich die ganze Welt: Die archaische Kulturlandschaft, die sich 36 Donaukilometer lang zwischen Melk und Krems erstreckt und 830 erstmals urkundlich als *Uuahouua* – Wachau – aufscheint, wurde nunmehr in die von der UNESCO erstellte Liste bewahrenswerter Schätze des „Weltkulturerbes“ eingetragen. Das liest sich in den Worten des „World Heritage“-Komitees so: „Die Wachau ist ein hervorragendes Beispiel einer von Bergen umgebenen Flusslandschaft, in welcher sich die Zeugnisse einer langen historischen Entwicklung in erstaunlichem Ausmaß am Leben erhalten haben. Architektur, Besiedlung und landwirtschaftliche Nutzung spiegeln auch heute noch jene ursprünglich mittelalterliche Landschaft wider, die sich auf ebenso organische wie harmonische Weise über die Zeiten entwickelt hat.“

Die „Hängenden Gärten der Semiramis“ in der Wachau? Nicht wirklich, aber bereits die Römer legten steile Weinbauterrassen zu beiden Seiten des Donauufers an.

Vorherige Seite:
Eine romantische Bootsfahrt Richtung Dürnstein zu den Genüssen der Wachau.

Die Wachauer lesen solche Zeilen nicht ohne Stolz. Immerhin ist die UNESCO-Liste so etwas wie eine zeitgemäße und daher wesentlich erweiterte Neuauflage der „Sieben Weltwunder“ antiken Angedenkens. Zu den 690 Objekten, die sie zur Zeit unter besonderen Schutz stellt, zählen so unterschiedliche Preziosen wie die Kathedrale von Chartres, die Höhle von Lascaux, das Taj Mahal, Persepolis und Theben, die Altstadt von Istanbul, die Victoriafälle und der Serengeti- sowie der Kilimandscharo-Nationalpark.

Minderwertigkeitskomplexe gegenüber „Mitbewerbern“ wie der Chinesischen Mauer oder den ägyptischen Pyramiden brauchen die Wachauer allerdings nicht zu haben. Als die in einem Weingarten unweit der gleichnamigen Wachauer Ortschaft aufgefundene Statuette der großbrüstigen „Venus von Willendorf“ vor 26.000 Jahren aus Kalkstein geschaffen wurde, herrschte sowohl in China als auch in Ägypten noch absolute kulturelle Funkstille. Und gegen die Anlage der steilen Weinbauterrassen zu beiden Seiten des Flussufers, die bereits zur Römerzeit begonnen und erst im Hochmittelalter abgeschlossen war, dürfte selbst die Kultivierung der „Hängenden Gärten der Semiramis“ eine vergleichsweise leichte Übung gewesen sein.

Tatsächlich lassen sich die 36 Wachau-Kilometer, um in der Weinsprache zu bleiben, ohne Übertreibung als eine Art „Essenz“ von zwei Jahrtausenden abendländischer Zivilisationsgeschichte bezeichnen. Eine vergleichbare Vielzahl von – in ihren Grundfesten oft noch bis in die Antike zurückreichenden – Gehöften und Lesehöfen, von Stiften, Burgen, Felsenhorsten, Maut- und

Schiffsmeisterhäusern, dunklen Verliesen (wie jenem, in dem der sagenhafte englische König Richard Löwenherz schmachtete), Brücken, Fähren und bestens erhaltenen Treppelwegen am Flussufer wird sich in dem vergleichsweise winzigen Donauabschnitt (den 36 Wachauer Kilometern steht eine Flusslänge von 2.800 Kilometern gegenüber) kaum so schnell finden lassen. Die historisch gewachsene Kulturlandschaft korrespondiert dabei mit einer nicht minder verblüffenden Fülle an natürlichen Landschaftselementen: Dazu zählen einzigartige Gesteinsformationen wie das berühmte Wachauer „Urgestein“ oder der „Wachauer Marmor“, aus dem zahlreiche Wiener Ringstraßenbauten errichtet wurden, aber auch urtümliche Auwälder, Flussarme, Felsschroffen, unverbaute Waldzungen, alte Flurformen und eine unverwechselbare Flora und Fauna, die etwa in Form der flinken Smaragdeidechse oder der buschigen Steinfeder auch in die Wachauer Weinklassifikation Eingang gefunden haben.

Eine autochthone Wachauer Besonderheit ist schließlich auch jene organische und selbstverständliche Art und Weise, in der natürlich gewachsene und künstlich geschaffene Formen miteinander in Beziehung gesetzt wurden: Durch den leicht mäandrierenden Verlauf der Donau gelang es, zwischen den bedeutenden Monumenten der Wachau natürlich vorgegebene Sichtachsen von hohem ästhetischen Reiz herzustellen: Stift Melk, Schloss Schönbühel, Aggstein, Dürnstein, Hinterhaus, Göttweig und die Steiner Altstadt sind auf diese Weise nicht nur, wie häufig beschrieben, aneinandergereihte Perlen auf einer Kette, sondern treten miteinander in einen produktiven Dialog, von dem der Wachaubesucher je nach Standort auf höchst unterschiedliche Weise zu profitieren versteht.

Nicht zufällig hat Hugo von Hofmannsthal seinen *Jedermann* zunächst nicht für Salzburg, sondern für den Dürnsteiner Stiftshof konzipiert, weil er in der Wachau ein lebendiges und durchwegs von Meistern wie Prandtauer, Steinl, Munggenast oder dem Kremser Schmidt gestaltetes „Bühnenbild“ vorfand, das mit all seinen lauschigen Renaissance-Innenhöfen, den schmiedeeiserne Fensterkörben, Stukkaturen, Skulpturen, Gemälden, Fresken, Schwibbögen, Terrassen, Türmen und Altanen seinen Vorstellungen von einem Gesamtkunstwerk wie kaum eine andere Landschaft entsprach.

Die heutige Wachauer Bevölkerung hat von den ungezählten Schönheiten des Donaudurchbruchs nicht nur profitiert, sondern auch selbst allerhand dazu getan, um das ihr anvertraute Erbe auch tatsächlich zu einem „Welterbe“ zu machen. Wäre es nach der Politik der 80er Jahre gegangen, würde die Wachau heute nämlich nicht mehr am Donaustrom, sondern an einem Stausee liegen. Zahlreiche Ortsbilder wären nachhaltig zerstört worden, ebenso übrigens wie das mit Recht gerühmte Mikroklima, dem der Wachauer Wein seine unverwechselbare Finesse verdankt. Eine Bürgerinitiative unter der Federführung Josef Jameks und Franz Hirtzbergers sen. sorgte damals dafür, dass jene Gestade, die schon die alten Nibelungen bei ihrer Fahrt ins Ungarland

Stift Göttweig – einer der vielen Schätze auf dem Weg stromaufwärts durch die Wachau.

gastfreundlich aufnahmen, in ihrer Ursprünglichkeit bis heute erhalten blieben.

Unter den zahlreichen Monumenten, denen die Wachau nunmehr ihren Status als „Weltkulturerbe“ verdankt, ist die Gastfreundschaft jenes, das vielleicht sogar noch mehr Bestand hat als Bauten und Kunstwerke. Es sind nicht zuletzt diese „Monumente des Genusses“, die Gäste aus aller Welt dazu bringen, die Wachau nicht nur zu besuchen und zu bewundern, sondern auch aufrichtig zu lieben.

Das Buch, das vor Ihnen liegt, hantelt sich in einem lustvollen Dialog von einem dieser Wachauer Genussmonumente zum nächsten – und es beginnt und endet in einem wahren Glückshafen für Feinschmecker und Genießer.

Zu Gast in der Wachau entstand in zahlreichen Gesprächen, die der Autor dieser Zeilen mit Lisl Wagner-Bacher, mit der ihn eine mittlerweile exakt ein Vierteljahrhundert währende Freundschaft verbindet, immer wieder führen durfte. (Um mitunter kursierenden Gerüchten gleich von Beginn an zu widersprechen: Wir beide sind weder verwandt noch verschwägert.)

Die Rezepte, die Sie in diesem Buch finden, passen zwar allesamt in die Genusslandschaft Wachau, sie stammen aber keineswegs alle von hier. Es handelt sich vielmehr um Lieblingsrezepte, die in unseren Gesprächen eine appetitanregende Rolle gespielt haben oder um Rezepte von Gerichten, die unsere Gespräche begleiteten. Manche „spielen“ auch in Ländern, die wir beide kennen und lieben, vieles in Grado, anderes auch in Übersee, der „Link“ zur Wachau ist in jedem Fall gegeben, auch wenn er sich mitunter wie in einem kniffligen Rebusrätsel verbirgt. Die Frage, die der Suchende stellen sollte, darf daher nicht lauten: Wie kommen denn Hummerrezepte in ein Wachaukochbuch? Man muss sie vielmehr anders stellen: Warum sollte ein Hummergenießer ausgerechnet in der Wachau keinen Hummer essen, wenn es hier doch eine Köchin gibt, die ihn zuzubereiten versteht wie kaum eine andere auf der Welt?

Der überwiegende Teil der Rezepte stammt von Lisl Wagner-Bacher und ihrem Schwiegersohn Thomas Dorfer. Dort, wo Sie sich vielleicht über mangelnde Elegance wundern, aber dafür eine unübersehbare Opulenz orten, habe möglicherweise auch ich meine Finger im Spiel gehabt.

Linke Seite: *Die Reise führt vorbei am ehemaligen Stift Dürnstein, bewacht von der Burg hoch über dem Ort.*

Nächste Doppelseite: *Die blühenden Weingärten von Weißenkirchen laden nicht nur zum Verweilen ein, sondern machen auch Appetit auf ein edles Tröpferl.*

THE PEASANT COOKBOOK
GREEK COOKERY
HOW TO COOK AND EAT IN RUSSIAN
Good Cooking
THE BEST OF RUSSIAN COOKING
EUROPEAN COOKING
A Man's Cookbook
RAYMOND OLIVER
Good Food from Vienna
The Mushroom Cook-Book
Italian Cooking for the American Kitchen
The Home Book of Russian Cookery
Greek Cooking
ROBIN HOWE
PASTRY-MAKING
OUR DAILY BREAD
Stella Standard
THE BAKER'S REPOSITORY OF RECIPES
A BOOK OF CAKES
THE IDEAL COOKERY BOOK
A. FAIRCLOUGH
CURNONSKY
CUISINE ET VINS DE FRANCE
THE BAKERS A·B·C
YOUR JUST DESSERT
Elizabeth David
ENGLISH BREAD AND YEAST COOKERY

Die Bibliothek der Genüsse

Ein Rundgang durch die
Bacher'sche Kochbuchbibliothek

Im Landhaus Bacher speist man nicht nur vorzüglich, sondern wird zudem von Frau Johanna bedient, der „besten Kellnerin zwischen Mautern und Kap Hoorn".

Es geschieht wirklich nicht oft, dass man mitten im schönsten Essen einen Schatz hebt.

Auch mir passierte es an diesem kristallklaren Vorfrühlingsmittag in der Wachau zum ersten Mal. Ich saß in dem funkelnagelneuen, in lindgrünem Pastell gehaltenen Kaminstüberl des Landhauses Bacher und sah aus dem Fenster hinüber aufs andere Donauufer, wo sich die um diese Jahreszeit noch ein wenig versteppt wirkenden Weinterrassen der „Steiner Hund"-Riede übereinandertürmen. Ich speiste allein, hatte soeben Lisls formidable Gänseleberterrine im Kalbskopfmantel verkostet – und wartete auf neue Genüsse.

„Möchten S' ein bissl was zum Lesen?", fragte mich Frau Johanna (nebenbei bemerkt, die beste Kellnerin zwischen Mautern und Kap Hoorn), als sie meine allzu offensichtliche Wartehaltung bemerkte. Ich nickte. „Dann sperr' ich Ihnen unsere neue Bibliothek auf."

Die neue Bibliothek ist in Wahrheit ein Antiquariat. Die ältesten Bücher sind im frühen neunzehnten, ein paar sogar schon im achtzehnten Jahrhundert erschienen. Viele davon hat Lisl Wagner-Bacher selbst im Lauf der Jahre gesammelt, der Löwenanteil hat sich jedoch erst vor kurzem eingestellt und ist das Vermächtnis der bekannten amerikanischen Journalistin Liliane Lingseth-Christensen.

Die erst unlängst verstorbene Altösterreicherin, die noch beim berühmten Jugendstil-Designer Joseph Hoffmann Architektur studierte, hatte nach ihrer Emigration in die USA nämlich eine ganz und gar unarchitektonische Karriere

gemacht: nämlich als Kochbuchautorin und Mitarbeiterin beim amerikanischen *Gourmet-Magazin*.

Erst in den letzten Jahren ihres Lebens kehrte die über 80-Jährige nach Österreich zurück und siedelte sich in einem gediegenen alten Landhaus in Lunz am See an. Sie speiste auch mehrmals in Mautern und schrieb wahre Hymnen über Frau Lisls Küche im *Gourmet*. Kurz vor ihrem Tod stellte sich Mrs. Lingseth-Christensen dann noch einmal bei Lisl ein, um ihr mitzuteilen, dass sie die rund 3.500 Kochbücher, die sie in ihrem Leben gesammelt hatte, darunter auch viele aus dem vorigen Jahrhundert, in eine Stiftung einbringe, die fürderhin Lisl Wagner-Bacher zur Verfügung stehen sollte.

Etwa die Hälfte davon hat mittlerweile in jenem Kaminstüberl Platz gefunden, dessen verschlossene Bücherregale mir nunmehr die freundliche Frau Johanna öffnet, weil's bis zum Angusrind auf Spaghettirösti noch eine Weile dauern wird.

Ich lasse meinen Blick über Hunderte von Buchrücken schweifen, ziehe aufs Geratewohl eines heraus, das mir besonders altehrwürdig vorkommt und beginne darin zu schmökern. Es handelt sich um nicht mehr und nicht weniger als um das Standardkochbuch, nach welchem um die Jahrhundertwende für Präsidenten wie William McKinley und Theodore Roosevelt gekocht wurde.

Würde Lisl Wagner-Bacher nach so einem Buch je kochen?

Lisl lacht. Denn tatsächlich hat sie vor vielen Jahren schon einmal für ein Gourmetmagazin ein „White-House-Menu" gekocht. Besonders g'spaßig, so erinnert sich Lisl Wagner-Bacher heute noch, war die Tatsache, dass sie in dem 1891 erschienenen Kochbuch aus Washington auch auf ein Rezept für „Wiener Kaffee" gestoßen ist: „Gleiche Teile Java und Mokka, 1 Esslöffel pro Person. Ein Ei wird mit dem gemahlenen Kaffee vermischt, dann gießt man die Hälfte des noch kochenden Wassers darüber, lässt es schäumen, rührt und kocht den Kaffee fünf Minuten lang. Nun stellt man die Kanne 5–10 Minuten weiter nach hinten, lässt sie da ohne Kochen stehen und gießt die andere Hälfte Wasser dazu. Auf einen Pint (= etwas mehr als ein halber Liter) Rahm schlägt man ein Eiweiß, gibt die Mischung mit dem Zucker in die Tasse und gießt den heißen Kaffee darüber."

Wenn Frau Johanna zwischendurch einen kleinen Braunen bringt, um unser Gespräch etwas aufzulockern, dann duftet es im Landhaus von Mautern ganz verführerisch, mit Sicherheit, denke ich mir, besser als im „Weißen Haus".

Lisl Wagner hat mittlerweile das älteste, prunkvollste Stück aus ihrer Kochbuchsammlung geholt. Es handelt sich um eines der raren Originale des 1699 erschienenen *Granatapffel-Kochbuchs,* in dem sie mir ganz stolz das Rezept einer „Österreichischen Blätter-Torten" präsentiert.

Schon nachgekocht?

„Ich koche fast nie etwas 1:1 nach“, erwidert Lisl Wagner-Bacher. „Ich benütze Kochbücher eher so, wie ich über den Markt gehe. Da findet man etwas, mit dem man schon lange nichts gekocht hat, dort lacht einen etwas besonders Leckeres an, dann erblickt man wieder zwei Sachen, die vielleicht gut zusammenpassen könnten. Und während man so im Kochbuch blättert, entsteht dann im Kopf ein neues Rezept.“

Und worin blättert Lisl Wagner-Bacher besonders gerne?

„Immer wieder in der Prato und im Ruhm-Kochbuch“, sagt sie spontan, vor allem wenn ich mich auf die Fährten der alten Kronländerküche setze und nach idealen Rezepten für ‚Mohr im Hemd‘, Spanferkel oder Grießstrudel fahnde.

Von einer amerikanischen Kochbuchautorin hat Lisl Wagner-Bacher nicht weniger als 3.500 Kochbücher „geerbt“, das älteste wurde 1699 gedruckt. Kein Wunder, dass Christoph Wagner diesen Schatz nur ungern wieder aus der Hand legt.

Das
Weiße

„Ich koche fast nie etwas 1:1 nach“, gesteht Lisl Wagner-Bacher. Kochbücher sind also kein Dogma, sondern lediglich Anregung für neue Rezepte.

„Aber selbstverständlich schau ich auch in Neueres“, fügt Frau Lisl eilfertig hinzu. Das erste Dieter-Müller-Kochbuch beispielsweise ist ein Quell stetiger Inspiration. Seine Zwetschkenterrine habe ich mit einem Früchtesülzchen aus einem alten Kochbuch kombiniert, das eine völlig andere Bindung hatte. Ja, und so entstand eines der erfolgreichsten Desserts meiner Anfangstage.“

Und dann lag da – schon lange vor der Eröffnung der Kochbuch-Bibliothek – auch immer dieses legendäre erste Tantris-Kochbuch von Eckart Witzigmann herum. „Das hat mein Leben verändert“, gesteht Lisl Wagner-Bacher freimütig. „Kalbshirn mit Champignons“ – das hab ich gleich, nachdem das Buch erschienen ist, 1979 für die ganze Familie zu Silvester gemacht. Ich wollte damals wissen, ob ich so was kann.“

Und die damals gerade 24-jährige Lisl schaffte es natürlich souverän. „Damals habe ich beschlossen, mein Lokal auf einen bisher völlig unbekannten Stil umzustellen, den man damals geheimnisvoll ‚Nouvelle Cuisine' nannte.“

Und damals regte sich zum ersten Mal der Impuls, selber ein Kochbuch zu schreiben, oder?

„Nein, das war eigentlich gar nicht meine eigene Idee“, erinnert sich Lisl Wagner an ein Interview, das sie vor vielen Jahren für Radio Niederösterreich gab. „Zu einem Kochbuch hat's die vielbeschäftigte Hausfrau und Mutter aber noch nicht gebracht?“, hatte damals ein frecher Interviewer gefragt. Und als sie diese Frage verneinen musste, riefen auch schon ein paar Verlage an – und vor allem auch der Fotograf Peter Oberleithner, der dann Lisl Wagner-Bachers berühmtes erstes Kochbuch *Meine Küche* aus der Taufe heben durfte, das natürlich in der Kochbuchbibliothek ebenfalls einen Ehrenplatz einnimmt.

Damals habe ich begonnen, meine Philosophie zu entwickeln, sagt Lisl Wagner-Bacher nachdenklich, während sie ihr erstes großes Werk durchblättert. „Ich wollte nicht nur Rezepte zeigen, sondern eine glückliche Familie, freundliche Menschen, die in einer schönen Landschaft gut essen und hervorragende Weine trinken. Und so ist das bis heute ja auch geblieben.“

Und in ihren eigenen Kochbüchern will Lisl Wagner-Bacher nicht nur Rezepte zeigen, sondern mehr: Menschen, Landschaften, köstliche Weine.

Kopfsalatherzen mit mildem Räucherlachs

ZUTATEN

2 Häuptel Salat
Essigwasser
4 Eier
Zitronensaft
Feines Salatöl
Salz, Pfeffer
8–12 Scheiben milder Räucherlachs
Dille

FÜR DIE DILLSAUCE

100 g Crème fraîche
60–70 ml Schlagobers
etwas Zitronensaft
Cayennepfeffer
Worcestersauce
Salz, Pfeffer
etwas gezupfte Dille

ZUBEREITUNG

Den Salat putzen und in einzelne Blätter zupfen. Die Herzen beiseite legen.
Nicht zu intensives Essigwasser zum Kochen bringen. Die kühlschrankkalten Eier nach und nach behutsam hineinschlagen (am besten mit Hilfe eines Schöpflöffels oder eines Pochiereinsatzes), ohne dabei das Dotter zu verletzen. Etwa 4 Minuten ziehen lassen. Eier vorsichtig wieder herausnehmen, in Eiswasser abschrecken und trockentupfen. Das Eiweiß rundum glatt schneiden.
Für die Dillsauce alle Zutaten zu einer dicklichen Sauce verschlagen. Nun die Salatherzen vierteln, mit Zitronensaft, Salz, Pfeffer und Öl leicht marinieren und auf den Tellern verteilen. Darauf die Räucherlachsscheiben legen, in die Mitte die pochierten Eier setzen und mit der vorbereiteten Dillsauce übergießen.

Kalbshirn in Champignons

Dieses Rezept stammt aus Eckart Witzigmanns legendärem Tantris-Kochbuch und wurde zu Silvester 1979 erstmals mit großem Erfolg für Freunde des Hauses gekocht.

ZUTATEN

12 frische Champignons
Olivenöl
2 Schalotten
2 EL Petersilie
2 EL Toastbrotbrösel
2 ganze Kalbshirne
Salz
weißer Pfeffer
60 g Butter
1 Zitrone
Muskatnuss
1 Ei
1 Eidotter

ZUBEREITUNG

Die Champignons putzen, Stiele abdrehen und nicht allzu fein hacken. Die Köpfe in Olivenöl anbraten, herausheben und abtropfen lassen. Schalotten fein, die Petersilie grob hacken. Das Kalbshirn ein paar Stunden wässern, dann unter lauwarmem Wasser die Haut abziehen.
Kalbshirn in gesalzenem Zitronenwasser zum Kochen bringen und anschließend 5 Minuten darin ziehen lassen. Abkühlen lassen, auf ein Tuch zum Abtropfen legen und anschließend in größere Stücke schneiden.
Nun eine feuerfeste Form ausbuttern. Die Pilzköpfe mit der Öffnung nach oben hineinsetzen, mit Salz und Pfeffer würzen.
Die restliche Butter aufschäumen lassen, die Hirnstücke, die gehackten Champignons, Schalotten und Petersilie dazugeben und kurz rösten. Mit Salz, Pfeffer und Muskat würzen. Zuletzt Eidotter und Ei dazugeben und sämig rühren. Die Pilzköpfe mit der Masse füllen, mit Bröseln bestreuen und mit Olivenöl beträufeln. Im vorgeheizten Rohr bei 220 °C ca. 5 Minuten backen. Heiß servieren.

Mohr im Hemd

ZUTATEN

70 g Butter
70 g Schokolade
70 g Zucker
1 EL Weißbrösel
4 Eier
30 g geriebene Mandeln
40 g geriebene Walnüsse
Butter und Zucker für die Förmchen
Geschlagenes Obers und Schokospäne zum Garnieren

FÜR DIE DUNKLE SCHOKOLADESAUCE

200 g Kochschokolade
100 g Milchschokolade
60–70 ml Läuterzucker und etwas Wasser

FÜR DEN SCHOKOLADESCHAUM

3/8 l Milch
40 g Kuvertüre (Bitterschokolade)
1 Eidotter
15 g Vanillepuddingpulver
3/8 l Schlagobers
40 g Zucker

ZUBEREITUNG

Die Schokolade im Wasserbad schmelzen lassen. Die noch warme Schokolade mit Butter und etwa der Hälfte des Zuckers schaumig rühren. Die Eier trennen und die Dotter nach und nach beigeben. Eiklar mit dem restlichen Zucker zu steifem Schnee schlagen.
Der Grundmasse erst einen Löffel Schnee, dann die geriebenen Mandeln, Brösel sowie die Walnüsse unterheben. Zum Schluss den restlichen Schnee einmengen. Die Masse in mit Butter ausgestrichene und mit Zucker ausgestreute metallene Puddingformen (Dariolformen) füllen. Im Wasserbad (s. u.) ca. 20–25 Minuten langsam garen, bis bei der Nadelprobe die Nadel rein bleibt.
Kurz rasten lassen.

Für die dunkle Schokoladesauce die Schokolade schmelzen und mit Läuterzucker sowie etwas lauwarmem Wasser glatt rühren.

Für den Schokoladeschaum 5 Esslöffel Milch mit dem Dotter und Puddingpulver verrühren. Die restliche Milch mit der Schokolade aufkochen. Angerührtes Puddingpulver unter die kochende Milch rühren und dick einkochen. Von der Platte nehmen und den Zucker einrühren. Auskühlen lassen und das leicht geschlagene Obers unterheben.
Nun den fertig gebackenen Mohr auf dem Schokoschaum anrichten, mit der dunklen Schokoladesauce übergießen und mit Schlagobers und einigen Schokospänen garnieren.

TIPP

Für das Garen im Wasserbad stellen Sie einen Topf mit 3–4 cm hoch eingefülltem kaltem (!) Wasser auf den Herd und setzen die Förmchen hinein. Sobald das Wasser zu kochen beginnt, reduzieren Sie die Hitze und decken den Topf teilweise mit einem Deckel ab, der zuvor in ein Tuch eingeschlagen wurde, damit das Kondenswasser nicht auf den Auflauf tropft. Wenn Sie den Auflauf in bereits kochendes Wasser setzen, so geht die Masse zu schnell auf und fällt dadurch sehr rasch wieder zusammen!

Wie wachauerisch ist die Wachauer Küche?

Eine kleine
Schmankerl-Expedition

Oben: *„Die Wachau ist eine Landschaft, die sich in erster Linie über den Wein und nicht wirklich über ihre Küche definiert“, meint Lisl Wagner-Bacher. Auf diesen Urgesteins-Terrassen gedeihen die unverwechselbaren Wachauer Weine, die man in der Kuenringerstadt Dürnstein* (rechts oben) *genüsslich verkosten kann.*

„Ich glaube nicht, dass es eine spezifische Wachauer Küche gibt.“
Klare Worte zweifellos und umso erstaunlicher, wenn sie aus dem Mund jener Frau kommen, die man europaweit geradezu für die Inkarnation der Wachauer Küche hält.
Doch Lisl Wagner-Bacher bleibt dabei. „Die Wachau ist eine Landschaft, die sich in erster Linie über den Wein und nicht wirklich über ihre Küche definiert. Wachauer Küche – das kann nur eine Küche sein, die durch Produkte, die dem Umland der Wachau entstammen, geprägt wird. Aber wie viel kommt schon wirklich aus der Wachau selbst? Das sind 36 Kilometer Flusslandschaft mit viel Wein, Nuss- und Obstbäumen. Mehr Fische als anderswo schwimmen in diesen 36 Kilometern auch nicht, und die landwirtschaftlichen Produkte stammen meist aus dem Wald- und dem Mostviertel.“
Die Sichtweise stimmt, obwohl man selten davon hört. Man spricht stets von einem linken und einem rechten Wachauufer. Aber wer redet schon von einem Waldviertler und von einem Mostviertler Wachauufer? Und wer hat sich jemals überlegt, wie kurios es eigentlich ist, dass es kein Weinviertler Wachauufer gibt? Die Wachau als Schnittpunkt von Wald und Most? – Das mochte bei den theresianischen Steuerbehörden angehen, die diese Vierteleinteilung nach Katastern getroffen haben. Aus kulinargeographischer Sicht muss ich mein Veto einlegen.
So leichthin will ich mir meinen importierten Wachau-Patriotismus selbst von einer deklarierten Wachau-Patriotin auch nicht nehmen lassen.
„Also gehen wir’s einmal durch“, schlage ich vor. „Beginnen wir mit den Wachauer Marillen.“
Lisl Bacher hört mir nicht wirklich zu.

„Wenn ich mich an meine Kindheit zurückerinnere, fällt mir kein einziges typisches Wachauer Gericht ein, das wir gegessen haben. Stosuppe – ja, die haben wir oft gekriegt. Aber das war keine Wachauer, sondern eine Waldviertler Stosuppe. Eigentlich nichts anderes als eine Rahm- oder Sauermilchsuppe mit Kümmel, Muskatnuss, Essig, Salz und Pfeffer. Dann ein paar geröstete Schwarzbrotwürfel darüber. Oder ein paar geschnittene Erdäpfel mitkochen, damit die Suppe sämiger wird."

Ich schlage vor, doch lieber mit den Marillen zu beginnen.
„Ja, und der Grießschmarren fällt mir noch ein", insistiert Frau Lisl.
„Das war ein ganz gewöhnlicher Grießschmarren mit Walnüssen und Marillenröster, aber heute sagt man tatsächlich Wachauer Grießschmarren dazu. Das hat in meiner Kindheit niemand gesagt."
„Wahrscheinlich", wende ich ein, „habt ihr damals auch nur Marille und nicht Wachauer Marille gesagt."
Lisl Wagner-Bacher stimmt mir zu. Aber die Wachauer Marille – darauf können wir uns einigen – die gibt es ja wirklich. Und zwar genauso wirklich wie den Spitzer Marillenkirtag, das alljährliche Hochfest der Wachauer Marille, das am letzten Juliwochenende stattfindet und die Marktgemeinde Spitz tatsächlich in einen einzigen Marillenmarkt verwandelt. In den engen Häuserzeilen zwischen Ruine Hinterhaus und Tausendeimerberg herrscht rund um ungezählte Stände, Garküchen und Kioske ein Geschiebe und Gedränge, fast wie beim venezianischen Karneval, nur eben nicht mit Masken, sondern mit Marillen, die längst zum Wahrzeichen der Wachau geworden sind. Oder zumindest zu einem der vielen Wahrzeichen.
Doch der Marillenkirtag ist nur ein Höhepunkt der Wachauer Marillensaison. Die beginnt schon Anfang April mit der Marillenblüte und lockt ungezählte Gäste an den Donaustrom, wo die ganze Landschaft mit einem zartrosa Gazeschleier aus Millionen von Blüten überzogen zu sein scheint.
Wie lange diese ursprünglich aus dem Kaukasus, China und Japan stammende Weingartenfrucht an der Donau schon heimisch ist, lässt sich allerdings nicht so genau sagen. Fest steht lediglich, dass sich unter die altrömischen Abfälle des antiken Militärlagers von Lauriacum bereits einige Marillenkerne mischten.
Die älteste urkundliche Erwähnung der Wachauer Marille geht allerdings immerhin auf das Jahr 1679 zurück, als sich ein Oberarnsdorfer Gutsherr beim Abt von St. Peter in Salzburg ausdrücklich dafür bedankte, dass ihm dieser neue Marillenbaumtriebe zur Auspflanzung gesandt hatte.
Seither haben Hunderttausende von Wagenladungen Marillen die Wachau verlassen und die Wachauer Marille zu einem auch international gefragten

Exportgut gemacht, das sich freilich auch in seiner Heimat größerer Beliebtheit denn je erfreut.

Gottlob glauben viele Menschen, zumal Marillenmarmeladenkäufer im Ausland, bis heute, eine Marille sei etwas substanziell anderes (und daher möglicherweise auch Besseres) als eine Aprikose. Die Wahrheit ist zwar eine andere (Marille leitet sich vom mittellateinischen Wort *amarellum* ab, was so viel wie „sauer und bitter“ bedeutet; und auch das Grimm'sche Wörterbuch definiert Marillen schnöde als „die kleinen, weniger schmackhaften Aprikosen“), doch es liegt wohl im Interesse Österreichs ganz allgemein und der Wachau im Speziellen, diese traurige Wahrheit nicht allzu lautstark zu propagieren. Da weisen wir schon lieber darauf hin, dass der Venusberg von Willendorf nicht nur ein historisch bedeutender Fundort, sondern gewissermaßen auch die „Nobelriede“ schlechthin, also eine Art Ried Klaus der Wachauer Marillenkultur ist. Und ich verrate in diesem Zusammenhang kein Geheimnis, wenn ich ausplaudere, dass das Buch, in dem Sie gerade blättern, um ein Haar erst ein halbes Jahr später erschienen wäre, weil die vereinbarten Fototermine ernsthaft dadurch gefährdet waren, dass Lisl Wagner-Bacher zuvor noch 600 (!) Gläser Marillenmarmelade abzufüllen hatte. Eigenhändig, wie sie anmerkt. Denn Marillenmarmelade, die ist im Landhaus Bacher, ebenso wie die Herstellung der ebenfalls „ab Küche“ verkauften Fonds, Chefinnensache.

Verrät Lisl Wagner-Bacher unseren Lesern auch ihr „Geheimrezept?“

„Das ist leicht verraten“, sagt sie. „Denn das Rezept hat nur ein einziges Geheimnis: dass es nämlich vor Ort mit reifen Marillen gemacht wird, die in unmittelbarer Umgebung wachsen.“ Leider ist im Vorjahr der alte Marillenbauer gestorben, sagt Lisl Wagner traurig. Einer von fünf. Noch bleiben vier. Ein massentauglicher Versandartikel wird und kann die Wachauer Marille wohl nicht werden. Und die guten Erntejahre werden auch immer rarer.

Wir verlassen also die Marille und wenden uns einer anderen Wachauer Ikone zu: dem Wachauer Laberl.

Das ist nun – da nachweislich in Dürnstein erfunden – wirklich genuin wachauerisch. Das Licht der kulinarischen Welt erblickt hat das Wachauer

Die Wachau ist nicht nur für ihren Wein, sondern auch für ihre Marillen berühmt, die auch in Lisl Wagner-Bachers Küche eine große Rolle spielen. Sie verwendet nur reife, frische Früchte aus der Umgebung.

Laberl in der Bäckerei Schmidl im Dürnstein der 30er Jahre des vorigen Jahrhunderts. Und es wurde, wie man sich dort heute noch erinnert, geschaffen, um dem Baguette der Franzosen ein nicht minder schmackhaftes heimisches Weißbrot, das ideal zum Wein passt, entgegenzusetzen.

Wachauer Laberln finden sich vom Frühstück über die Heurigenjause bis zu abendlichen Weinkulinarien bei Kerzenlicht auf vielen, ja auf praktisch allen Wachauer Tafeln. Wer sein Laberl jedoch ganz frisch haben möchte, für den empfiehlt es sich, exakt dorthin zu pilgern, wo der treue Sänger Blondel der Sage nach einst den im Turm schmachtenden König Löwenherz aufgespürt hat. Unter dem Dürnsteiner Burgfelsen flackert, wenn längst alle anderen Lichter verloschen sind, im ehemaligen Schiffsmeisterhaus auf Nummer 21 ganz bestimmt noch eines. Denn in Franz Schmidls Bäckerei wird mit der Arbeit begonnen, wenn die Geisterstunde erst eine halbe Stunde vorüber ist. Beim Morgengrauen stehen dann die ersten dieser ebenso runden wie knusprigen Brotlaibchen zur Auslieferung bereit.

Wenn man Herrn Schmidl nach dem Geheimnis des von einem Vorfahren erfundenen Fein- und Weingebäcks fragt, so wittert er sofort Betriebsspionage und wird jäh zum großen Schweiger. Nur so viel will er verraten: „Das Geheimnis liegt in der richtigen Mischung des Mehls ..."

„Und was ist mit dem Geheimnis der Wachauer Saumaise?", frage ich, um in unserer kleinen kulinarischen Wachau-Expedition noch ein Stückchen weiter zu kommen?

„Die Wachauer Saumaise kommt in meiner Küche nicht vor, die ist mir zu derb", sagt Lisl Wagner-Bacher mit der ihr eigenen energetischen Aufladung. Ich finde das zwar schade. Aber wenn man Lisl Wagners Küche, wie ich das gerne tue, mit „fraulicher Eleganz" umschreibt, so muss ich zugeben, dass diese sowohl sprachlich als auch kochtechnisch eher deftige Kreation zwischen Frau Lisls elaborierten Genüssen tatsächlich nicht wirklich etwas verloren hat.

Ich mag sie dennoch, die „Saumoasn", bei denen sich die Frage, ob es sich dabei um eine echte Wachauer oder nicht doch vielmehr um eine Waldviertler Spezialität handelt, im Grunde erübrigt, da das linke Wachauufer ohnedies

der südlichste Teil des Waldviertels ist. Fest steht jedenfalls, dass Saumoasn auf kaum einer Wachauer Wirtshauskarte fehlen. Die Saumaise ist im Grunde nichts anderes als ein geselchter Fleischknödel ohne Teig. Faschiertes Teilsames oder Schopfbraten wird dafür zu Kugeln geformt, gut gewürzt und, in einem Schweinsnetz verpackt, mehrere Tage lang trocken gesurt, bevor man es zuletzt mit Spagat umwickelt und in der Selchkammer weiterräuchert. Saumoasn werden meist gekocht und mit Sauerkraut serviert, schmecken aber auch gebraten sehr gut. Werden sie länger luftgetrocknet, erreichen Saumaisen nach etwa einem Jahr eine salamiähnliche Qualität und können auch dünn aufgeschnitten werden.

Die besten Beilagen zur „Saumoasn" sind übrigens Wachauer Laberln und Kremser Senf, der zwar zur Wachau gehört wie Riesling und Marillenblüte, aber streng genommen kein Wachauer ist, da die Wachau, so will es wenigstens die Definition der Gebietsschutzgemeinschaft „Vinea Wachau", die Gegend zwischen Melk und Krems ist, also weder Melk noch Krems, sondern eben das, was dazwischen liegt. (Historiker siedeln die „Urwachau" sogar noch rigider zwischen Dürnstein und Spitz an.)

Aber zurück zum Kremser Senf, der vielleicht nicht so bekannt ist wie jener aus Dijon oder Vicenza, aber von Senf-Afficionados um nichts weniger begehrt wird. Ihren Ursprung hat diese niederösterreichische Spezialität in einem alten Kremser Rezept, bei dem gewürzter und mit Senfmehl versetzter Weinmost solange gerührt und eingedickt wird, bis daraus eine sämige, süßlich und vollmundig schmeckende Senfmasse entsteht. Als Eckpfeiler einer typischen Wachauer Küche ist er allerdings, da muss auch ich Lisl Wagner-Bacher Recht geben, nur sehr bedingt geeignet.

Dafür sind schon eher die Wachauer Rieslingsuppe oder die Wachauer Veltlinersuppe geeignet. Aber findet man dergleichen in alten Kochbüchern? – Mitnichten. Da handelt es sich schon vielmehr um Derivate der berühmten Terlaner Weinsuppe aus Südtirol.

Und was ist mit den Wachauer Schnitten und der Wachauer Torte?

„Ja, die könnte man mit den Wachauer Nüssen rechtfertigen", lenkt Frau Lisl ein. Nur: Nüsse gibt es auch anderswo. Nein, es gibt keine Wachauer Küche und schon gar kein Wachauer Kochbuch. Das, an dem wir beide gerade arbeiten, ist das erste, eine Novität."

Und wie würde Lisl Wagner-Bacher diese „neue Wachauer Küche" definieren?

„Wenn du mich fragst, was typische Wachauer Küche wirklich ist", sagt Lisl Wagner-Bacher, „so ist sie für mich auf eine ganz seltsame Weise mediterran."

Das, sage ich, muss mir die große Lisl schon näher erklären. Ihre Antwort ist, denke ich, ein eigenes Kapitel wert.

Ein Blick in die Marillenknödelkuchl: Zu beneiden sind jene, die sich dieses Schmankerl auf der Zunge zergehen lassen dürfen.

Überbackene Saumeisenfleckerl

Ein Rezept von Christoph Wagner

ZUTATEN FÜR
8–10 PORTIONEN

FÜR DIE SAUMAISEN

500 g geselchtes Teilsames oder Schopfbraten vom Schwein
3 mittelgroße Zwiebeln
8 Knoblauchzehen
Salz, Pfeffer
2 EL edelsüßes Paprikapulver
geriebene Schale von 1 Zitrone
1 Schweinsnetz

ZUM VOLLENDEN

400 g Fleckerl
8 EL Butter
5–6 Eidotter
8–10 EL geriebener Käse für die Masse
6 EL Sauerrahm
Salz, Pfeffer, Muskatnuss
5–6 Eiklar
Butter und Semmelbrösel für die Form
geriebener Käse zum Bestreuen

ZUBEREITUNG

Zuerst für die Saumaisen das Geselchte gemeinsam mit Zwiebeln und Knoblauch mehrmals durch den Fleischwolf drehen oder im Blitzcutter zerkleinern. Mit Salz, Pfeffer, Paprika sowie Zitronenschale würzen, gut durchkneten und im Kühlschrank 4–5 Stunden zugedeckt stehen lassen. Dann das gewässerte, trocken getupfte Schweinsnetz in ca. 15 cm große Quadrate schneiden. Jeweils etwas Fleischteig daraufsetzen, das Netz darüberschlagen und mit Küchengarn gut zusammenbinden. Über Nacht im Kühlschrank rasten lassen. Danach entweder in heißem Wasser kochen oder im Rohr knusprig braten.
Nun die Fleckerl in siedendem Salzwasser bissfest kochen, abseihen, mit kaltem Wasser abschrecken und in einem Sieb abtropfen lassen. Butter schaumig rühren, mit Eidottern, geriebenem Käse sowie Rahm gut vermengen und mit Salz, Pfeffer sowie Muskatnuss würzen.
Die gegarten Saumaisen kleinwürfelig schneiden und gemeinsam mit den gut abgetropften Fleckerln in die Buttermasse einmengen. Eiklar steif schlagen, mit einer Prise Salz fest ausschlagen und abschließend unter die Masse heben. Eine Auflaufform mit Butter ausstreichen und mit Semmelbröseln bestreuen. Backrohr unterdessen auf 180–200 °C vorheizen. Fleckerlmasse in die Form füllen und mit einigen Butterflocken belegen. Bei guter Hitze ungefähr 40–45 Minuten goldgelb backen. Etwa 10–15 Minuten vor Garungsende mit etwas geriebenem Käse bestreuen.

BEILAGENEMPFEHLUNG: grüner oder Tomatensalat.

Sauerrahmschmarrn
mit Marillenröster

ZUTATEN

300 g Sauerrahm
4 Eidotter
1 1/2 EL Zitronensaft
Vanillezucker
1 gehäufter EL Mehl
100 ml Schlagobers
4 Eiklar
1 1/2 EL Zucker
Butter zum Backen
Zucker zum Karamellisieren

FÜR DEN MARILLENRÖSTER

600 g halbierte Marillen
500 ml Wasser
350 g Zucker aufkochen
Zitronensäure nach Geschmack
Einige geviertelte Marillen

ZUBEREITUNG

Den Sauerrahm mit Vanillezucker, Eidotter, Zitrone, Mehl und Obers vermengen. Eiklar mit Zucker leicht aufschlagen, aber nicht zu fest schlagen. Unter die Sauerrahmmasse heben. Die Masse in eine heiße Pfanne mit Butter gießen und im vorgeheizten Ofen bei 160 °C ca. 15 Minuten backen. Abschließend noch wenden, am Herd mit zwei Gabeln zerreißen, mit Zucker bestreuen und etwas karamellisieren. Auf vorgewärmten Tellern anrichten und mit dem Marillenröster servieren.

Für den Marillenröster Wasser mit Zucker aufkochen. Die halbierten, entkernten Marillen einmengen und Zitronensäure einrühren. Nochmals kurz aufkochen, mixen und passieren. Einige geviertelte Marillen mit dem Mark vermengen.

Wachauer *Palatschinken*

ZUTATEN

6 Eier
12 leicht gehäufte EL Mehl (Meistermischung)
Prise Salz
Milch
Marillenmarmelade
Butter oder Öl zum Herausbacken
Staubzucker zum Bestreuen

ZUBEREITUNG

Eier mit Mehl sehr gut verrühren. Mit einer Prise Salz würzen und mit Milch nach Bedarf zu einem dünnflüssigen Teig verrühren. Etwa 10 Minuten rasten lassen. Dann nochmals überprüfen, ob der Teig nicht zu dickflüssig ist und eventuell noch etwas Milch einarbeiten. (Der Teig soll leicht löchrig sein, dann stimmt die Konsistenz.)
Eine Pfanne mit etwas Fett erhitzen, etwas Teig eingießen, goldbraun backen, umdrehen und auf der zweiten Seite nur kurz backen, damit die Palatschinke schön saftig bleibt. Herausheben und mit warmer Marillenmarmelade bestreichen. Zusammenklappen und überzuckern.

Hoch über Weißenkirchen thront die Pfarrkirche Mariae Himmelfahrt. Das Wachau-Museum im Teisenhoferhof birgt u. a. eine umfassende Sammlung von Werken des Kremser Schmidt.

Lassen Sie sich nicht in die Irre führen – das Rezept auf dem Teller ist nur Dekoration!

Wachauer *Marillenknödel*

ZUTATEN

12 reife Marillen
12 Stück Würfelzucker
Schuss Rum
Salz
Staubzucker zum Bestreuen
Flüssige Butter und Marillenmark nach Belieben

FÜR DEN TOPFENTEIG

140 g Butter
140 g Grieß
140 g Mehl
2 Eidotter
2 Eiklar
500 g Topfen
etwas Salz

FÜR DIE BUTTERBRÖSEL

200 g Butter
400 g Brösel
80 g Kristallzucker
20 g Vanillezucker
Zimt, gemahlen

ZUBEREITUNG

Für den Topfenteig die Butter schaumig rühren. Eidotter einrühren, nach und nach Grieß, Eiklar und Salz unterrühren. Abwechselnd Mehl und Topfen dazugeben und so lange rühren, bis ein glatter Teig entsteht. Zu einer Rolle mit einem Durchmesser von mindestens 7 cm formen und in eine Klarsichtfolie einwickeln. Den Teig 30–60 Minuten im Kühlschrank rasten lassen.
Mit dem Kochlöffel die Kerne aus den Marillen drücken und durch jeweils ein Stück Würfelzucker ersetzen. Den Teig in 5 mm dicke Scheiben schneiden, die vorbereitete Marille darauf setzen, den Teig darüber schlagen und mit nassen Händen zu Knödeln formen. Die Knödel in leicht gesalzenem Wasser mit einem Schuss Rum 15–20 Minuten köcheln lassen.

Für die Butterbrösel die Butter schmelzen. Kristallzucker, Brösel und Vanillezucker einrühren und auf kleiner Flamme langsam goldbraun rösten. Nach Wunsch etwas Zimt zugeben.
Die Knödel in den Butterbröseln wälzen und auf den Tellern anrichten. Brösel darüber streuen, überzuckern und nach Wunsch mit zerlassener Butter, eventuell auch mit etwas Marillenmark servieren.

TIPP

Der beschriebene Topfenteig eignet sich für jede Art von Fruchtknödeln. Damit lassen sich auch herrliche Pfirsich-, Erdbeer- oder Zwetschkenknödel zaubern.

Wie ein Menü beginnen sollte – Freudig und mediterran

Über Vorspeisen und die
Leichtigkeit des Wachauer Seins

Die Zeiten haben sich geändert, die Ansprüche nicht. Das Landhaus Bacher zur „Mariandlzeit", als noch Filme mit Peter Alexander und anderen Stars des heimischen Films in der Wachau gedreht wurden (oben) *und heute (unten). Hier trank schon Hans Moser heimlich seinen Wein. Heute pilgern Feinschmecker aus ganz Österreich nach Mautern.*

„Nein, die Wachau ist wirklich mediterran", beharrt Lisl Wagner-Bacher, als ich zu überlegen gebe, dass die nächste Meeresbucht mehr als 500 Kilometer vom Mauterner Donaustrand entfernt liegt. Das liege möglicherweise auch daran, dass sich in dieser Gegend vor 120 Millionen Jahren jene Küstenregion befunden habe, in der die Urdonau ins Urmeer mündete, das damals das Weinviertel und die pannonische Tiefebene bedeckte.

Aber Lisl Wagner weiß ihre These auch mit noch zeitnäheren Indizien zu untermauern. Überhaupt, wie sie hinzufügt, seit die Klimaveränderung immer deutlicher spürbar wird. „Du kannst heute in jeder auch nur einigermaßen geschützten Wachauer Ecke einen Olivenbaum pflanzen. Rosmarin brauchst du über den Winter kaum noch reinzutragen. Oleander blüht in den Innenhöfen, als wäre Krems Udine. Und dazu kommt dann auch noch diese leichtfüßige, unbeschwerte Lebensweise der Wachauer, wie sie spätestens seit den alten Mariandlfilmen mit unserem Landstrich verbunden wird."

Tatsächlich ist die Wachau gerade in den 50er und 60er Jahren eine beliebte Kulisse jener „Lido"-Filme geworden, durch die sich nicht nur die damaligen Filmstars von Peter Alexander bis zu Gunther Philipp und Langzeit-Stammgast Peter Weck geblödelt haben, sondern in denen den Schönen der Region auch erstmals ausgiebig Gelegenheit geboten wurde, sich als Badenixen tief in die damals „brandneuen" Bikinis filmen zu lassen.

Lisl Wagner-Bacher leugnet keineswegs, dass es gerade diese heute oft als kitschig und allzu nostalgisch empfundene „Mariandlzeit" war, die sie kulinarisch entscheidend geprägt hat. „Filmleute waren so gut wie immer im Haus", erinnert sie sich. „Hans Moser, dessen Frau streng darauf bedacht war, dass er nichts trank, hatte damals immer ein Weinglaserl bei meiner Mutter hinter der Schank versteckt, aus dem er immer einen Schluck nahm, wenn er zur Toilette ging. Und er ging oft zur Toilette." Aber auch Annie Rosar war gern da und schlug schon der kleinen Lisl niemals den Wunsch ab, mit ihr spazieren zu gehen. „Oskar Sima, Sabine Bethmann und Conny Froboess waren besonders liebe Stammgäste", erinnert sich Lisl an ihre Kinderjahre, „und schon im zarten Alter von zehn Jahren war ich mit Franz Antel verlobt. Der hat mir damals sogar einen Ring geschenkt, und bis zu seinem Tod hat er immer gesagt: Ah, meine Verlobte."

Nein, eine G'schreckte war Lisl nie. „Kaum sagte einer: Setz dich zu uns – da saß ich auch schon dort. Und hin und wieder hab ich sogar einen Ribiselsaft spendiert bekommen."

In dieser Zeit der Film- und Wirtschaftswunderjahre ist die Wachau nicht nur „sexy", sondern tatsächlich zu einem weltweiten Begriff für eine ganz besondere Lebensart geworden. „Vorher war die Wachau ein Landstrich, seit damals ist sie eine Trademark für Lebensfreude", bringt Lisl Wagner diese Entwicklung auf den Punkt.

Die Meisterköchin aus Mautern wusste die damals entstandene Trademark zu Beginn der 80er auch entsprechend umzusetzen „Von Anfang an war mir klar, dass meine Küche eine leichte sein musste. Am liebsten wäre es mir schon damals gewesen, Menüs würden einfach nur aus Vorspeisen und einem leichten, flockigen Dessert bestehen."

Mittlerweile hat Lisl Wagner-Bacher diese frühe Einsicht auch an vielen ausländischen Vorbildern geschult und weiter entwickelt. Mit Akribie hat sie die spanische Tapas-Kultur studiert, in San Sebastian die großen Sternelokale besucht, sich an provençalischen Köstlichkeiten und italienischen Antipasti ein Vorbild genommen - und diese Erfahrungen keineswegs nur mit südlichen, sondern auch mit Wachauer Produkten umgesetzt.

„Eine der wichtigsten Voraussetzungen, damit eine Vorspeise gelingt", plaudert Lisl Wagner aus der Schule, „ist eine zarte Unterlegung mit feiner, pikanter Säure." Außerdem, so ist sie überzeugt, „sollten Vorspeisen stets leicht lauwarm auf den Tisch kommen, da gerade bei dieser maßvollen Temperierung der Eigengeschmack optimal betont wird. Vorspeisen, die direkt aus dem Kühlschrank kommen, sind eine Todsünde. Und knallheiß sollten sie ebenso wenig sein."

Liebend gerne würde Frau Lisl auch in ihrem Mauterner Landhaus ein „Wachauer Tapas-Menü" anbieten, weiß aber, „dass die Zeit dafür noch nicht wirklich reif ist." Etliche Stammgäste hat sie allerdings heute schon, die genau das wollen - und bei entsprechender Vorbestellung selbstverständlich auch bekommen.

Der Tapas-Gedanke lässt sich tatsächlich ohne größere Komplikationen auch auf die österreichische Kochtradition übertragen. „Eine meiner ersten geglückten Kreationen", erinnert sich Lisl Wagner-Bacher, „war etwa ein lauwarm marinierter Tafelspitz mit Wurzelwerk und einer etwas molligeren Krensauce." Mittlerweile füllt sie Kalbstafelspitzröllchen mit Kürbis - und kommt bei ihren Gästen genauso gut an.

Auch die typisch österreichische Liebe zu allem Panierten eignet sich für Lisls „wachauerisch-mediterrane" Vorspeisenkultur bestens. Besonders gut von der Hand gehen ihr beispielsweise knusprige Hühnerflügerl oder das leider immer stärker in Vergessenheit geratene, aber im Landhaus Bacher bis heute in allen kulinarischen Ehren gehaltene Kalbsbries.

Eine besonders hübsche Idee ist auch Lisl Wagners gesulzter Wachauer Wurzelkarpfen, der zunächst ausgelöst und in ein kleines Gefäß hineingepresst wird, in dem man ihn dann mit gelierendem Fischsud aufgießt.

Mit Begeisterung macht Lisl Wagner-Bacher auch Vorspeisenbuffets. „Da brauch ich danach gar keine Hauptspeise mehr", sagt sie und erinnert sich mit leuchtenden Augen an die Wiener Mounierstuben hinter der Oper: „Das war damals die Erfüllung. Ich war schlicht und einfach verliebt in die vielen Mayonnaisen und Salate. Aber ich weiß nicht, ob ich das heute noch so unbeschwert essen würde. Ich trau mich ja heutzutage kaum noch, so etwas im Supermarkt einzukaufen. Aber tolle Zeiten waren das damals schon."

Resche, knusprige Hühnerflügerl, dazu ein leichter, gesunder Salat. Wer in der Wachau nicht auf seine kulinarische Rechnung kommt, wird nirgends mehr sein Glück finden.

Vorspeisen

Frühlingssalat

ZUTATEN

400 g frühlingshafte Salate (Löwenzahn, Vogerlsalat etc.)
10 Radieschen
100 g Frischkäse
frische Kräuter (Schnittlauch, Kresse, Kerbel, Sauerampfer)
8 wachsweich gekochte Wachteleier
Salz, Pfeffer

FÜR DIE VINAIGRETTE

1 EL Weißweinessig
3 EL weißer Balsamessig
4 EL heißer Gemüsefond
8 EL Olivenöl
Zucker
Salz
Kräuter
30 g sehr fein geschnittene Jungzwiebeln

ZUBEREITUNG

Für die Vinaigrette Essig mit den Gewürzen gut verrühren. Fein gehackte Jungzwiebeln und Kräuter einrühren. Den warmen Fond zugießen, verrühren und zum Schluss das Öl einlaufen lassen. Die Blattsalate damit marinieren. Die Radieschen in feine Scheiben und Stäbchen schneiden, teils daruntermischen und teils als Garnitur verwenden. Frischkäse mit Frühlingskräutern, Salz sowie Pfeffer abschmecken und zu Nockerln formen. Rund um den Salat anrichten. Die wachsweich gekochten Wachteleier halbieren, salzen und ebenfalls dazu anrichten.

Sommerlicher Salat mit Crostini

ZUTATEN

400 g Blattsalate
Balsamicodressing s. S. 265
1/2 Baguette (24 Scheibchen)
Olivenöl zum Rösten
6 kleine in Olivenöl eingelegte Artischockenherzen
4 reife Paradeiser
2 Knoblauchzehen
8 EL aromatisches Olivenöl
Salz, Pfeffer
Einige Tropfen Sherryessig
Weißer Balsamicoessig
Basilikum

FÜR DIE OLIVENPASTE

100 g grüne entkernte Oliven
2 Sardellenfilets
Zitronensaft
1 EL Kapern
etwas frischer Thymian, Salbei und Rosmarin, alles fein gehackt
Salz, Pfeffer

ZUBEREITUNG

Die Salate mit dem Balsamicodressing marinieren. Für die Crostini die dünnen Brotscheiben in Olivenöl knusprig rösten. Für die Olivenpaste die entkernten Oliven mit abgewaschenen Sardellenfilets, Kapern, Zitronensaft und allen Kräutern cuttern oder fein hacken. Abschmecken.
Die Paradeiser blanchieren (überbrühen), schälen, entkernen und würfelig schneiden. Würzen und mit Olivenöl sowie frischem Basilikum abschmecken.
Die Crostini mit Knoblauchzehen einreiben, mit der Olivenpaste bestreichen und die Paradeiserwürfel in Form eines kleinen Nockerls jeweils darauf anrichten.
Die Artischockenherzen ein bisschen waschen und mit weißem Balsamicoessig, Salz und Pfeffer würzen. Vier Artischockenherzen halbieren, die restlichen beiden fein schneiden. Nun die acht halben Artischocken mit den gehackten Artischocken füllen und mit den Crostini rund um den Salat anrichten.

Herbstlicher Salat mit Nüssen

ZUTATEN

400 g eher dunkle Blattsalate
wie Eichblatt, Trevisiano,
grüner oder Friséesalat
100 g Walnüsse
2 schwarze Nüsse
2 Feigen
1 Apfel
100 g Trauben
Maronivinaigrette oder
Nussdressing s. S. 266

ZUBEREITUNG

Die Feigen schälen und vierteln, den Apfel schälen und in feine Streifen schneiden. Die schwarzen Nüsse hacken, Trauben halbieren und entkernen. Die Blattsalate mit der Maronivinaigrette oder dem Nussdressing marinieren und auf Tellern anrichten. Mit den restlichen Zutaten bestreuen bzw. garnieren.

Mediterranes Gemüse
mit panierten Zucchinitascherln

ZUTATEN

3 Zucchini
1 Melanzani
1 Bund Jungzwiebeln
Tomaten nach Belieben
je 1 gelbe und rote Paprikaschote
1 Stück junger Knoblauch
1 Rosmarinzweig
Thymian
Salz, Pfeffer
Olivenöl
100 g Geselchtes
1 EL Crème fraîche
Mehl
3 Eier
Brösel
Öl oder Butterschmalz zum Herausbacken

ZUBEREITUNG

Die Paprikaschoten vierteln, entkernen und schälen. Tomaten blanchieren (überbrühen), schälen und entkernen. Die Jungzwiebeln ebenso wie den Jungknoblauch halbieren. Melanzani halbieren und ebenso wie zwei (!) Zucchini in Scheiben schneiden. Nun zuerst die Paprikastreifen gemeinsam mit Jungzwiebeln und Jungknoblauch in Olivenöl anbraten. Kräuter zugeben, dann die Melanzani hinzufügen. Danach die Zucchini einmengen, ganz zum Schluss die Tomaten unterrühren. Mit Salz und Pfeffer abschmecken.

Für die Tascherlfülle das Geselchte sehr fein schneiden, mit Crème fraîche vermischen und bei Bedarf nachwürzen. Die übrige Zucchini fein hobeln, blanchieren und abtrocknen. Jede Scheibe mit etwas Selchfleischfarce füllen und dreieckig einrollen. Die Tascherl in Mehl, Ei und Bröseln panieren und in heißem Pflanzenfett oder Butterschmalz ausbacken. Gemüse auf vorgewärmte Teller verteilen und mit den Tascherln garnieren.

TIPP

Was die Auswahl des Gemüses betrifft, so können Sie Ihrer Phantasie ganz freien Lauf lassen. Kombinieren Sie je nach Saison auch mit Pilzen, Spargel, Artischocken oder Erbsen.

Gefüllter Paprika mit Sardinen im Brotmantel

ZUTATEN

2 rote und 2 gelbe Paprikaschoten
3 Knoblauchzehen
1 Zucchini
Balsamicoessig, Olivenöl
120 g geröstete Mandeln
100 g geröstete Weißbrotwürfel
2 große Spitzpaprika zum Füllen

FÜR DIE SARDINEN IM BROTMANTEL

4 Sardinen
1 Eiklar
2 Scheiben Toast
Butterschmalz zum Braten

FÜR DEN GARNITURSALAT

5 g frischer Knoblauch
Je 10 g Sardellenpaste und Dijonsenf
Salz
50 g Sauerrahm
40 g Worcestersauce
50 g Sherryessig
70 g Bouillon
3 gekochte Dotter
200 g Tafelöl
40 g Olivenöl
geriebener Parmesan
Zucker, Pfeffer nach Geschmack
Klein gezupfter Salat und Kresse zum Garnieren

ZUBEREITUNG

Für die Fülle die Paprikaschoten bei starker Oberhitze so lange braten, bis die Haut schwarz ist und sich die Schoten leicht schälen lassen. In 2 cm breite Streifen schneiden. In Olivenöl gemeinsam mit den ganzen Knoblauchzehen kurz anbraten, würzen und mit Essig ablöschen. Die Zucchini in Scheiben schneiden und ebenfalls in Olivenöl kurz anbraten. Paprika und Zucchini in kleine Würferl schneiden, mit den Mandeln und den Brotwürferln mischen. Die Spitzpaprika wie oben beschrieben schälen, dann der Länge nach halbieren und mit dem klein geschnittenen Gemüse samt Mandeln und Brot füllen.
Bei den Sardinen den Bauch der Länge nach aufschneiden. Die Innereien entfernen, Sardinen entgräten und gut auswaschen. Trocken tupfen. Die Toastscheiben in sehr dünne Scheiben schneiden und mit Hilfe von etwas Eiklar oben und unten an die Sardinen andrücken.
Die Sardinen in heißem Fett langsam knusprig braten. Vor dem Servieren noch etwas zurechtschneiden.

Für das Dressing alle Würzzutaten mit der Bouillon im Becher mixen. Dann die gekochten Dotter und das Öl langsam eingießen. Zum Schluss mit Rahm und geriebenem Parmesan abschmecken. Klein gezupften Salat und etwas Kresse mit dem Dressing vermischen und möglichst dekorativ anrichten.

Roastbeefröllchen mit gebratenem Beef Tatar

ZUTATEN

1 kg Beiried
Salz, Pfeffer
Salbei, Lorbeerblätter, Rosmarin
Öl und Butter zum Braten
Etwas gezupfter Salat und Basilikum zum Garnieren

FÜR DAS TATAR

200 g gebratene Roastbeef-Reste
Essiggurkerl
etwas Sardellenpaste
TL Senf
1 EL Ketchup
Salz und Pfeffer

FÜR DEN ARTISCHOCKEN-TOPINAMBUR-SALAT

4 gekochte Artischockenböden
4 Stk. Topinambur, gekocht und geschält
Pinienkerne
Getrocknete Tomatenstreifen
Trüffelmarinade s. S. 266
Balsamicoessig und Öl zum Marinieren

ZUBEREITUNG

Die Beiried salzen, pfeffern und in einer Pfanne in heißem Fett rundum gut anbraten. Kräuter beigeben und kurz mitbraten. Anschließend auf einen Rost legen (mit einem Blech darunter) und wenn möglich in die Mitte des Fleisches ein Thermometer stecken. Nun im vorgeheizten Rohr bei 120 °C braten, bis die Kerntemperatur 40 °C beträgt, dann auf 100 °C reduzieren und braten, bis die Kerntemperatur 50 °C beträgt, dann auf 70 °C zurückschalten und die Kerntemperatur auf 60 °C bringen. Bei 60 °C Kerntemperatur ist das Fleisch herrlich rosa und fertig. (Oder das Fleisch nach Gefühl bei kräftigerer Hitze so braten, dass es innen noch saftig und keinesfalls zu durch ist.)
Abkühlen lassen. Dann dünn aufschneiden und mit dem vorbereiteten Tatar bestreichen. Zu Röllchen einrollen und in gleich große Stücke schneiden. Auf Teller stellen und mit dem vorbereiteten Salat anrichten. Mit etwas gezupftem Salat und Basilikum garnieren.
Für das Tatar die gebratenen Roastbeef-Reste in sehr feine Würferl schneiden oder hacken. Essiggurkerl ebenfalls fein hacken und beides miteinander vermengen. Mit Sardellenpaste, Senf, Ketchup, Salz und Pfeffer würzen.

Für den Salat die gekochten Artischockenböden und die Topinambur in kleine Würfel schneiden. Die Marinade leicht erwärmen und die Artischockenböden darin ziehen lassen. Die Topinamburwürferl mit etwas weißem Balsamicoessig und Öl marinieren. Nun sämtliche Zutaten miteinander vermengen und anrichten.

Kalbsröllchen mit Kürbis

ZUTATEN

500 g Kalbsrücken am Knochen, aber ohne Grat
Salz, Pfeffer
Salbei, Lorbeerblätter, Salbei, Rosmarin
Öl und Butter zum Braten
200 g gezupfte feine Blattsalat

FÜR DEN KÜRBISSALAT

1 Speisekürbis
Sherryessig
Salz, Pfeffer
Kürbiskernöl
4 EL geröstete Kürbiskerne

FÜR DIE SENFSAUCE

2 Eidotter
1 TL Sherryessig
1 TL Dijonsenf
Salz, Peffer
150 g Öl
etwas Obers und Rahm zum Verfeinern

FÜR DEN EINGELEGTEN KÜRBIS

300 g Muskatkürbis
150 g Zucker
100 ml Apfelessig 6%
3 Pfefferkörner, 2 Gewürznelken
2 Pimentkörner
200 ml Wasser
Salz

ZUBEREITUNG

Den Kalbsrücken salzen, pfeffern und in einer Pfanne in heißem Fett gut anbraten. Kräuter beigeben und kurz mitbraten. Anschließend auf einen Rost legen (mit einem Blech darunter) und wenn möglich in die Mitte des Fleisches ein Thermometer stecken. Nun im vorgeheizten Rohr bei 120 °C braten, bis die Kerntemperatur 40 °C beträgt, dann auf 100 °C reduzieren und braten, bis die Kerntemperatur 50 °C beträgt, dann auf 70 °C zurückschalten und die Kerntemperatur auf 60 °C bringen. Bei 60 °C Kerntemperatur ist das Fleisch innen noch schön rosa. (Oder das Fleisch nach Gefühl bei kräftigerer Hitze so braten, dass es innen noch saftig und keinesfalls zu durch ist.) Herausheben und abkühlen lassen.

Für den eingelegten Kürbis Wasser mit Zucker, Essig und Gewürzen aufkochen. Den Kürbis in kleine Würferl schneiden und einlegen, kurz aufkochen und etwas ziehen lassen. Abkühlen lassen.

Für den Kürbissalat den Speisekürbis schälen und in Streifen schneiden. Einsalzen, nach einigen Minuten ausdrücken und mit Sherryessig, Kernöl sowie Pfeffer würzen. Etwa 10 Minuten marinieren. Dann einige gehackte Kürbiskerne untermischen.

Für die Dijonsenfsauce Dotter mit Essig schaumig aufschlagen. Mit Dijonsenf würzen und wie bei einer Mayonnaise mit Öl langsam aufmixen. Mit Sauerrahm und etwas flüssigem Obers verfeinern. Mit Salz und Pfeffer abschmecken.
Nun das Kalbsfleisch dünn aufschneiden, mit dem Kürbissalat belegen und einige Tropfen Dijonsenfsauce darüber träufeln. Zu Röllchen einrollen und auf Tellern anrichten. Den Blattsalat mit Sherryessig und Olivenöl marinieren und ebenfalls anrichten. Etwas Dijonsenfsauce angießen und einige Tropfen Kernöl daraufgeben, mit Kürbiskernen und den eingelegten Kürbiswürferln garnieren.

Bärlauchrisotto
mit Weinbergschnecken

ZUTATEN

Ca. 30 Schnecken
(am besten bereits ausgelöste und gekochte)
Butter
Salz, Pfeffer
2 EL gezupfte Frühlingskräuter wie Bärlauch, Kerbel, Brunnenkresse, Schnittlauch etc.
Einige Blätter frittierte Petersilie

FÜR DEN RISOTTO

200 g Rundkornreis (Arborio oder Vialone)
2 EL Schalotten
etwas Olivenöl
Salz, Pfeffer, Thymian
300 g Geflügelfond oder milde Suppe
1 Spritzer Weißwein
160 g Bärlauch
50 g eiskalte Butter
Butter zum Andünsten
geriebener Parmesan nach Geschmack

ZUBEREITUNG

Für den Risotto zunächst den Bärlauch in feine Streifen schneiden, in etwas Butter kurz andünsten und cuttern. (Nicht zu lange dünsten, da er sonst seine schöne Farbe verliert.) Die Schalotten fein hacken und in Olivenöl anschwitzen. Reis dazugeben, kurz umrühren und mit etwas heißem Fond aufgießen. Unter häufigem Rühren nach und nach etwas heißen Fond angießen und den Reis bissfest garen. Sobald der Reis noch einen leichten Biss hat, mit einem Schuss Wein verfeinern. Zum Schluss mit eiskalter Butter, etwas geriebenem Parmesan und der Bärlauchpaste verfeinern. Mit Salz und Pfeffer abschmecken.
Die abgetropften Schnecken kurz in Butter anschwitzen und mit Thymian, Salz sowie Pfeffer würzen. Mit etwas gehacktem Bärlauch und Frühlingskräutern durchschwenken und auf dem Risotto anrichten.
Mit der frittierten Petersilie garnieren.

Spargel in der Folie gegart

ZUTATEN

24 Stangen Spargel
Salz, Zucker
Flüssige Butter
8 Erdäpfel
frische Kräuter

ZUBEREITUNG

Den Spargel schälen, holzige Teile entfernen. Nun je 6 Stangen Spargel auf ein Stück Alu- oder Bratfolie legen. Würzen, mit Kräutern bestreuen und mit flüssiger Butter begießen. Erdäpfel ebenfalls schälen und Kugerln ausstechen. Gemeinsam mit dem Spargel in Folie einpacken und die Folie gut verschließen.
Im vorgeheizten Backrohr bei 190 °C ca. 35–45 Minuten garen. Danach noch etwas rasten lassen und erst kurz vor dem Servieren öffnen.

TIPP

Wenn Sie dieses Gericht etwas opulenter gestalten wollen, so servieren Sie dazu noch wachsweiche Eiern, Lachs, etwas Mascarpone und Kräuter.

Sellerielasagne

ZUTATEN

2 zarte Sellerieknollen
150 g herbstliche Pilze wie Trompetenpilze, Steinpilze, Hallimasch (oder Zuchtpilze)
4 Esslöffel Butter
braune Butter zum Schwenken
100 g Stangensellerie
etwas Rindsuppe
1 Schuss Milch
Etwas Obers
1 EL Crème fraîche
1 EL Mascarino
Salz, Pfeffer, Muskatnuss
4 Scheiben Bergkäse
Stangensellerieblätter zum Garnieren

FÜR DIE BÉCHAMELSAUCE

375 ml Milch
20 g Butter
20 g Mehl
Salz, Muskatnuss

ZUBEREITUNG

Sellerie schälen und in 5 mm dicke Scheiben schneiden. Gleichmäßig ausstechen und in Salzwasser weich kochen. Etwas von der zweiten Sellerieknolle in kleine Würferl schneiden und in etwas Milchwasser mit Salz schnell weichkochen. Die übrige Knolle für das Püree in einem Druckkochtopf sehr schnell weichkochen, abseihen und in einem Tuch auspressen. Mit Mascarino, Crème fraîche, Salz, Muskat sowie Pfeffer cuttern und passieren.
Die Pilze putzen, grob schneiden und mit Salz sowie Pfeffer in etwas heißer Butter anrösten. Den Stangensellerie schälen und in 1 cm große Stäbchen schneiden. In Salzwasser weich kochen, abtropfen lassen und in etwas Rindsuppe mit brauner Butter schwenken.
Die gegarten Selleriewürferl untermischen.
Nun Selleriescheiben, Selleriepüree (etwas für die Garnitur beiseitestellen), Stangensellerie und Pilze abwechselnd übereinander aufschichten. Mit je 2 Esslöffeln Béchamel und je einer Scheibe Käse abschließen. Im Rohr bei 180 °C ca. 7 Minuten überbacken. Währenddessen etwas Püree mit Suppe und Obers aufmixen und die fertige Sellerielasagne damit übergießen. Mit Stangensellerieblättern garnieren.
Für die Béchamelsauce Butter und Mehl anschwitzen, mit Milch aufgießen und sämig kochen lassen. Abschmecken.

TIPP

Diese feine Gemüselasagne kann durch kleine gebratene Schinkenwürfel, die darüber gestreut werden, noch verfeinert werden.

Frischkäsravioli
mit brauner Butter und Spinat

ZUTATEN

500 g Nudelteig
s. Grundrezept S. 267
100 g braune Butter
3 EL frisch geriebener Parmesan
1 EL fein geschnittene Basilikumblätter
Eidotter zum Bestreichen

FÜR DIE FÜLLE

100 g Topfen 20%
50 g Mozzarella gerieben oder sehr fein geschnitten
2 EL Mascarpone
1 EL geschälte Tomatenwürfel
blanchierter, gewürzter Blattspinat nach Belieben
50 g Butter
Weißbrotbrösel nach Bedarf
2 Eidotter
Salz, Pfeffer

ZUBEREITUNG

Butter mit Dottern schaumig rühren, Topfen sowie alle anderen Zutaten unterrühren und abschmecken. Sollte die Masse zu feucht sein, noch etwas Weißbrotbrösel unterrühren. Die Masse 1 Stunde kühlstellen und dann in einen Spritzsack füllen. Den Nudelteig (ca. 10 cm breit) sehr dünn ausrollen (am besten mit der Nudelwalzmaschine auf 1,5 mm). Dotter mit Wasser verrühren und die Teigplatten damit bestreichen.
Nun die Fülle mit dem Spritzsack auf eine Teighälfte im Abstand von 3–4 cm in Form von kleinen Tupfen auftragen. Die andere Hälfte der Teigbahn darüberschlagen, um die Füllung herum gut andrücken und nochmals mit einem gezackten Ausstecher „abradeln". Die Ravioli in siedendem Salzwasser 4–5 Minuten kochen und auf dem gewürzten Blattspinat anrichten. Mit brauner Butter beträufeln, mit frischem Parmesan bestreuen und mit Basilikum garnieren.

TIPP

Im Frühling können Sie den Spinat auch mit Bärlauch verfeinern.

Kürbiscannelloni

ZUTATEN

500 g Kürbis (am besten ein Moschuskürbis der Sorte „Langer von Neapel")
1 Apfel
8 Lasagneblätter
250 ml Schlagobers
frisch geriebener Parmesan
Salz, Pfeffer
Apfel-Balsamessig
Butter

ZUBEREITUNG

Den Kürbis in dünne Scheiben schneiden und auf einem Blech verteilen. Mit Butter beträufeln. Salzen, pfeffern, einige Spritzer Apfel-Balsamessig und Wasser draufspritzen und im Rohr bei 180 °C 20–30 Minuten weich dünsten.
Inzwischen die Lasagneblätter vorkochen, auf ein Tuch legen und mit Parmesan bestreuen. Den mittlerweile gegarten Kürbis darauf verteilen, einen geschälten Apfel daraufreiben und zu Cannelloni einrollen. Die Röllchen in eine gebutterte, tiefe Form legen und mit etwas Obers sowie flüssiger Butter übergießen. Mit Käse bestreuen und im Backrohr bei großer Oberhitze einige Minuten überbacken.

Langostinos mit Mandeln auf gebratenem Spargel

ZUTATEN

12 schöne, fleischige Langostinos (auch Scampi oder Kaisergranat genannt)
100 g Mandelblättchen
Zitronenschale und -saft
Salz
200 g weißer und grüner Spargel, geputzt
1 EL Kristallzucker
1 Bund Kerbel
Butter und Olivenöl zum Braten
Sehr gutes Olivenöl für das Kerbelöl

ZUBEREITUNG

Die Langostinos auslösen, vom Darm befreien und würzen.
Die Mandeln mit etwas geriebener Zitronenschale vermengen und die Langostinos darin wälzen. In heißem Öl braten und warm stellen. Den geschälten Spargel in dünne Scheibchen schneiden, die Spitzen nur halbieren. Spargelscheiben und -spitzen in etwas Butter braten sowie mit Zucker karamellisieren.
Inzwischen für das Kerbelöl den fein gehackten Kerbel mit sehr gutem Olivenöl vermischen. Mit Zitrone abschmecken.
Den gebratenen Spargel mit den Langostinos anrichten und mit dem Kerbelöl beträufeln. Mit frisch gehacktem Kerbel garnieren.

TIPP

Der kurz gebratene Spargel gibt auch eine hervorragende Beilage zu Fleischgerichten ab oder lässt sich auch perfekt unter einen Risotto rühren.

Jakobsmuscheln
auf Erbsenpüree

ZUTATEN

700 g ausgelöstes Jakobsmuschelfleisch ohne Corail (Eiersack)
100 g Speckscheiben
2 EL Prosciuttomehl (geriebener, knusprig gebratener Prosciutto s. S. 110
Erbsenschoten und einige gekochte Erbsen als Garnitur
Sauerrahmgeleewürfel (s. S. 90) als Dekor

FÜR DAS ERBSENGEMÜSE

400 g zarte Tiefkühlerbsen
400 g Zuckererbsen
200 g Zuckererbsenschoten
250 ml Schlagobers
wenig frische Minze
etwas Suppe zum Schwenken
Salz, Pfeffer
eiskalte Butter zum Montieren

ZUBEREITUNG

Für das Erbsenpüree Obers aufkochen, Tiefkühlerbsen zugeben, kurz aufkochen und etwas frische Minze zugeben. Alles im Mixerglas oder mit dem Stabmixer pürieren, durch ein feines Sieb passieren, mit Salz und Pfeffer abschmecken. Erbsenschoten bissfest kochen und in Eiswasser abschrecken. Zuckererbsen in etwas Suppe schwenken, die Erbsenschoten dazugeben, würzen und mit eiskalter Butter verfeinern.
Währenddessen die Jakobsmuscheln unter Zugabe von Speckscheiben in einer Grillpfanne braten. Die Speckscheiben entfernen. Erbsencreme, Erbsenschoten und Erbsen auf den Tellern dekorativ verteilen. Jakobsmuscheln daraufsetzen und mit Prosciuttomehl bestreuen. Mit Sauerrahmgeleewürfeln (s. S. 90) anrichten.

Spargelflan mit Flusskrebsen und Wachtelspiegelei

ZUTATEN

12 Flusskrebserl
Courtbouillon (kräftiger Gemüsefond mit etwas Weißwein)
8 gekochte Spargelstangen
4 Wachteleier
Butter

FÜR DEN SPARGELPUDDING

400 g gekochter Spargel
150 ml Spargelfond
15 g braune Butter
2 g Agar Agar

FÜR DIE SAUCE

Krebskarkassen
2 Schalotten
100 g Karotten, Sellerieknolle
Butterschmalz zum Anrösten
Etwas Tomatenmark
Etwas Cognac und Pernod zum Ablöschen
250 ml Rindsuppe
375 ml Schlagobers
etwas eiskalte Butter

ZUBEREITUNG

Für den Pudding den Spargel mit dem heißen Fond und brauner Butter mixen (pürieren) und passieren. Nun etwa 400 g Spargelpüree mit Agar Agar aufkochen, in passende Förmchen füllen und erkalten lassen. Dann stürzen, mit Folie bedecken und bei 70 °C langsam erwärmen.
Die Krebse in die kochende Courtbouillon einlegen, 3 Minuten darin ziehen lassen und dann auslösen. Den gekochten Spargel kleinwürfelig schneiden und in etwas Butter schwenken. Die Spitzen für die Garnitur zur Seite legen. Die Wachteleier zu Spiegeleiern braten. Den Spargelpudding in die Tellermitte setzen, oben etwas aushöhlen und mit dem Spargelragout füllen. Die Wachtelspiegeleier darauf anrichten. Mit den warmen Krebsschwanzerln sowie Spargelspitzen umlegen und mit der Krebsensauce umgießen

Für die Sauce die Krebskarkassen grob zerhacken. Schalotten, Karotten und Sellerieknolle in Würfel schneiden und alles in Butterschmalz anrösten.
Die Karkassen kurz mitrösten, etwas Tomatenmark einrühren und nochmals kurz durchrösten. Nun mit etwas Cognac ablöschen, etwas Pernod eingießen und mit Rindsuppe sowie Obers so aufgießen (Verhältnis 1:2), dass alles bedeckt ist. Etwa 20 Minuten kochen lassen. Dann abseihen, die Sauce noch etwas reduzieren und mit etwas eiskalter Butter montieren (binden).

Das Beste vom Kalbskopf

ZUTATEN

1 Kalbskopfmaske (grob geputzt und ohne Knochen), ersatzweise 300 g gepresster Kalbskopf
1 Kalbszunge nach Belieben
Wurzelwerk
Zwiebel
Salz, Lorbeerblatt und Pfefferkörner
Mehl, Eier und Semmelbrösel zum Panieren
Öl zum Herausbacken
Rindsuppe oder Sud zum Erwärmen
Kernöl

FÜR DIE SALATHERZEN

6 Herzerl vom Romanasalat
Zucker, Salz, weißer Pfeffer
Butter
Rindsuppe oder Sud zum Ablöschen
2 EL geröstete Speckwürfel
2 EL geröstete und gehackte Kürbiskerne
2 EL Paradeiswürfel
weißer Balsamicoessig

ZUBEREITUNG

Die gewaschene Kalbskopfmaske mit Wurzelwerk, Salz, Zwiebel, Lorbeerblatt und Pfefferkörnern in so viel kaltem Wasser aufstellen, dass der Kopf bedeckt ist. Aufkochen lassen und ca. 2 Stunden kochen. Die Zunge nach Belieben ebenfalls mitkochen, bis sie weich ist, aber eventuell früher herausnehmen. Danach den weich gekochten Kopf etwas überkühlen lassen und anschließend von jeglichem Fett, Häuten und Sehnen sehr genau befreien. Backerl sowie alle gallertigen Schwarterl in kleine Würfel schneiden und mit etwas heißem Sud nochmals kurz aufkochen. Würzig abschmecken und fest in eine Form pressen. Gut beschweren und 1 Tag kaltstellen.
Dann 150 Gramm vom Kalbskopf in ca. 1 cm große Würfel schneiden, salzen und wie ein Wiener Schnitzerl panieren. In heißem Fett goldbraun frittieren. Herausheben und abtropfen lassen. Kalbskopf ca. 7 mm dünn aufschneiden und auf einem feuerfesten Teller auflegen. Mit etwas Rindsuppe oder Sud beträufeln und bei starker Oberhitze erwärmen. Mit den vorbereiteten Salatherzen, den gebackenen Kalbskopfwürferln und etwas Kernöl anrichten.
Die Salatherzen mit Butter und Zucker glacieren. Mit Salz sowie Pfeffer würzen, mit etwas Flüssigkeit kurz ablöschen und dünsten. Die gerösteten Speck- und Paradeiswürfel sowie die Kürbiskerne darüberstreuen. Abschließend mit etwas weißem Balsamicoessig abschmecken.

Gebackene Beuscherlknödel

ZUTATEN

1 Kalbsbeuscherl
Zitrone
1 fein geschnittene Zwiebel
Petersilgrün
Mehl und Fett für die Einbrenn
Wurzelwerk, in feine Streifen geschnitten
1 Spritzer Sherryessig
Salz, Pfeffer, Senf nach Geschmack
Thymian
Mehl, Eier, Brösel zum Panieren
Pflanzenöl oder Butterschmalz zum Ausbacken
Blattsalat für die Garnitur
Mayonnaise nach Belieben

FÜR DEN SUD

Karotten, Petersilwurzel, Sellerie, Zwiebel
Pfefferkörner, Lorbeerblatt, Thymian
Essig

ZUBEREITUNG

Das Beuschel in Salzwasser mit dem Wurzelwerk, Zwiebel, Pfefferkörnern, Thymian, Lorbeerblatt und Essig weich kochen. Danach erkalten, eventuell sogar ein bisschen anfrieren lassen. Feinnudelig schneiden und dabei gut zuputzen. Aus etwas Fett und Mehl eine lichte Einbrenn herstellen. Die fein geschnittene Zwiebel gemeinsam mit der gehackten Petersilie mitrösten und mit dem Beuschelsud aufgießen. Mit einem Spritzer Essig, Thymian, etwas Zitronensaft und Senf abschmecken. Das geschnittene Beuschel und das in Streifen geschnittene Wurzelwerk hinzufügen und noch einige Zeit sanft dahinköcheln lassen. Aber Vorsicht: Es legt sich sehr leicht am Topfboden an!
Nun das fertige Beuscherl auskühlen lassen, etwas auspressen und zu kleinen Knöderln formen. Diese leicht anfrieren. In Mehl, Ei und Bröseln panieren und in heißem Fett vorsichtig herausbacken. Mit marinierten Blattsalaten anrichten und nach Belieben mit etwas Mayonnaise garnieren.

Warum die Wahrheit in der Suppe liegt

Eine kleine
Suppenphilosophie

Die Suppe ist so alt wie das Feuer. Im Gegensatz zum aggressiv-männlichen Braten, der von den ersten Nomaden nach der Jagd über offenem Feuer am Spieß gegrillt wurde, war die Suppe schon in der Urzeit der Inbegriff der Sesshaftigkeit und somit vor allem Domäne der Frau. Die Suppe steht für schonende, allmähliche Garung, und sie ist auch eine der gesündesten Kochmethoden, da in einer Suppe nichts an wertvollen Mineral- und Inhaltsstoffen verloren geht.

Wie machen wir's? Ein köstliches Menü will gut überlegt sein. Aus Lisl Wagner-Bachers Küche kommen deshalb immer die feinsten Überraschungen auf die Tische der Gäste.

Kein Wunder also, dass Lisl Wagner-Bachers – keineswegs nur von Männern – immer wieder als „besonders fraulich" gerühmte Küche in ganz besonders hohem Maße eine Suppenküche ist.

„Es gibt kein anderes Drei-Hauben-Lokal", pflegt Frau Lisls Ehegespons und „Suppentiger" Klaus Wagner zu sagen, „in dem so viel mit Suppen gearbeitet wird wie in unserem Mauterner Landhaus."

Dass die Suppe, wie heute allgemein üblich, in erster Linie als Vorspeise betrachtet wird, ist allerdings erst eine Errungenschaft der jüngeren Zeit. Noch im vorigen Jahrhundert galt die Suppe als Universalgericht für den ganzen Tag – und wurde in ländlichen Gegenden schon zum Frühstück gelöffelt.

Im Mauterner Landhaus ist das allerdings nicht üblich – oder höchstens in jenen gar nicht so seltenen Fällen, in denen eine abendliche Weinverkostung in ihren Ausläufern tief in den nächsten Morgen hinüber reicht und eine Suppe als „Muntermacher" geradezu zwanghaft notwendig macht. Denn wenn der Gaumen erst einmal von den feinsten Cassis-, Minze- und Dörrobstaromen überlagert ist, weiß Lisl Wagner aus Erfahrung, da gibt es nichts Reinigenderes und Erfrischenderes als eine Tasse Consommé. „Das hilft besser als jeder so genannte Reparaturwein und besser als jedes Würstel."

Auch unter diesem Gesichtspunkt stehen Lisl Wagner-Bachers Suppen in der „feinen" Suppentradition der „Grande Cuisine" und erinnern daran, dass die Bezeichnung Restaurant auf nichts anderes als eine Suppe zurückgeht. Es handelt sich um die im achtzehnten Jahrhundert in Paris erfundene „Consommé restaurant" – eine Kraftbrühe, mit der man die Lebensgeister wiederherstellen, sprich „restaurieren" konnte.

Trotz solcher französischen Anklänge sind Lisl Wagners Suppen dennoch „genuin österreichisch" geblieben.

„Suppen haben gerade in der österreichischen Küche eine große Bedeutung", bekennt sich die große Lisl einmal mehr zur heimischen Küchentradition. Aufgefallen ist ihr das vor allem in jenen „Schicksalsjahren" Ende der 70er und Anfang der 80er, als die Philosophie der so genannten „Nouvelle Cuisine" im Gefolge des erstmals erschienenen *Guide Gault Millau* über Österreich hinwegschwappte. „Keine andere Tradition der österreichischen Küche hat sich damals als so langlebig und zeitgeistresistent erwiesen wie die Suppe", erinnert sich Lisl Wagner. Da mochten Schäumchen und Süppchen im Rahmen vielgängiger Menüs von den Restaurantkritikern noch so sehr gepriesen werden: Der Österreicher bestand auf seiner Suppe und danach auf seiner

Thomas Dorfer (links) weiß, dass das wahre Geheimnis großer Küche hervorragende Fonds sind.

Sättigungsbeilage. Das lassen wir uns von den Franzosen nicht nehmen – so lautete damals die Devise.

Vor allem ist eine gute Suppe, wer wüsste das besser als eine so grandiose Suppenköchin wie Lisl Wagner, ein „Riesenaufwand, den man auch im alten Österreich keineswegs gescheut hat."

Lisl Wagner-Bacher geht, während sie mir das erzählt, wieder einmal schnurstracks auf ihre „alleswissende" Bibliothek zu und zieht einen besonders alten Schmöker heraus.

Was sie dann aufschlägt, ist das Rezept einer Alt-Wiener Oliosuppe, die von der kaiserlichen Küche bei Hofbällen für die fällige Stärkung zu mitternächtlicher Stunde gesotten wurde. Das Rezept ist für eine 2.000 Gäste starke Hofballgesellschaft bestimmt, und um die für die Zubereitung nötigen Produkte heranzuschaffen, benötigt man zumindest einen größeren Lieferwagen. Allein an Suppenfleisch wurden 19 kg Rindfleisch, 8 kg Wild, 12 kg Kalb, 10 kg Schwein, 8 kg Lamm, 10 kg Geselchtes, 3 kg Ochsenleber, 5 Enten, 5 Wildgänse, 3 Gänse, 8 Rebhühner, 8 Tauben und 10 Hühner benötigt. In vier Kesseln wurden dafür 550 Liter Wasser erhitzt. Dazu kamen jede Menge Wurzelwerk sowie 3 kg Kastanien. Abgeschmeckt wurde unter anderem mit Muskatnuss, Muskatblüte und Cayennepfeffer. Gegessen wurde am Schluss übrigens nur die klare Suppe. Die ausgekochten Zutaten wurden von der Hofküche für die Speisung der Armen ausgegeben.

Und hat Lisl Wagner-Bacher auch schon einmal eine solche Suppe gekocht? Lisl lacht. „Ja, Annäherungswerte haben wir schon erzielt, als unsere

Susanne den Thomas Dorfer geheiratet hat, der aus seiner Kärntner Heimat ein zwar nicht ganz so üppiges, aber ähnlich gestricktes Rezept für eine Kärntner Hochzeitssuppe mitgebracht hat. Und die musste an diesem Ehrentag natürlich aufgetischt werden."

So einen Schwiegersohn wünscht man sich als Köchin: Thomas Dorfer hat nicht nur Gefallen an Lisl Wagner-Bachers Kochkünsten, sondern auch an deren Tochter Susanne gefunden. Mittlerweile gehört er zur Crew des Landhauses Bacher.

Im Landhaus-Alltag werden im Gegensatz dazu auch die „ganz einfachen Suppen" von den Gästen ganz besonders geschätzt. „Eine unserer wichtigsten Suppen ist beispielsweise die Knoblauchsuppe", sagt Lisl Wagner. „Da wird Knoblauch mit Kümmel und Schwarzbrot in Schweineschmalz geröstet und mit heißer Rindsuppe aufgegossen. Und du wirst es nicht glauben, es gibt gar nicht so wenig Gäste, die vorher mein Caviar-Ei essen und danach einen Hummer. Aber dazwischen muss ganz einfach unsere Knoblauchsuppe sein.

Die Basis ist bei der Knoblauchsuppe – wie überall anders auch – eine gute Rindsuppe. Und die, das weiß gerade eine Haute-Cuisine-Köchin wie Lisl Wagner aus Erfahrung, ist gar nicht so leicht herzustellen. „Selbst gute Jungköche beherrschen sie oft nicht", weiß Frau Lisl aus eigener Erfahrung. „Was da alles passiert, wenn man einem jungen Koch den Auftrag erteilt, eine gute Rindsuppe zu machen, darüber ließe sich die unendliche Geschichte erzählen." Gelernt hat bei Lisl Wagner-Bacher allerdings noch ein jeder, wie's geht. „Dazwischen lagen jedoch oft lange Prozesse des Übens, Übens, Übens ..."

Dabei ist die Grundregel für eine gute Rindsuppe „watscheneinfach" und lautet: „Wo man nichts reingibt, da kommt auch nichts raus. Aus ein paar Knochen wird rein gar nichts. Da muss man die Knochen vorher schon blanchieren und auch einen Paradeiser reindrücken. Dann heißt's drei bis vier Sunden köcheln. Und eine Muskatblüte, die muss auch sein."

Ist eine solche „gute Suppe" jedoch erst einmal vorhanden, lassen sich damit fast so viele Metamorphosen wie bei Ovid erzielen. „Eine Suppe ist nicht nur die beste Basis für herzhafte Eintöpfe im Winter", spricht Frau Lisl aus Suppenerfahrung, „sondern auch ein unerschöpflicher Quell für klare Suppen mit Einlage, die keinesfalls immer kompliziert sein müssen. Die beste Suppeneinlage sind für mich immer noch Nudelsternchen. Meine Töchter lieben sie genauso wie ich und meine Enkelkinder sind auch schon wieder ganz wild drauf."

Eine weit größere Herausforderung in kochtechnischer Hinsicht sind freilich die gebundenen Suppen – gewissermaßen die hohe Schule der Suppenküche. Besonders gerne kocht Lisl Wagner Kürbissuppe. „Der Kürbis ist ein Produkt, das geschmacklich viel zulässt und bei dem man sich daher auch in aromatischer Hinsicht ein bissl austoben kann", sagt sie, auch wenn sie sonst eher gegen das Austoben ist: „Eine gebundene Suppe lebt letztlich nicht vom Austoben der Köche, sondern von der Erhaltung des Eigengeschmacks."

Gerade bei Lisl Wagners viel gerühmter Gemüsepüreesuppe ist das von besonderer Wichtigkeit. Auch hier ist das Grundrezept ganz einfach: „Gemüse mit Schalotten anschwitzen, mit wenig Flüssigkeit aufgießen und immer darauf schauen, wie viel Wasser welches Gemüse lässt. Wichtig ist es, wenig Flüssigkeit aufkommen zu lassen, das Gemüse schnell zu dämpfen, gleich danach aufzumixen und wie eine Mayonnaise aufzuziehen. Am Schluss kann man dann etwas Butter zum Verfeinern verwenden. Oder auch ein wenig Obers."

Lisl runzelt die Stirn. „Aber wirklich nur ganz wenig. Denn Obers ist ein Geschmackskiller, und von dieser Regel gibt es nur einzige Ausnahme. Das ist die Hummersuppe. Sonst nichts."

Denn Suppen, so ist Lisl überzeugt, sollten niemals zu üppig und schon gar nicht süß sein. Sie mag auch keine süße Suppe als Dessert. Da schon lieber eine Hühnersuppe, die nichts anderes als nur klar ist. Allerdings muss sie aus einem echten Fünf-Kilo-Suppenhuhn gekocht werden, das es leider hierzulande nicht mehr gibt und das Lisl Wagner daher direkt aus dem Elsass bezieht. Ja, und noch was: Ein Hühnersuppenwürfel muss auch noch rein.

Habe ich recht gehört, ein Suppenwürfel?

„Bei der Hühnersuppe ja. Sonst maximal zur Abrundung."

Womit sich Lisl Wagner-Bacher einmal mehr durch absolute Ehrlichkeit auszeichnet. Von den zwei Arten Sterneköchen – den einen, die die Verwendung von Suppenwürfeln zugeben und jenen, die lügen – zählt sie zweifellos zur ersteren Sorte.

„Ich habe mir gerade vor einer Woche erstmals wieder ein Maggiflascherl gekauft", legt Lisl Wagner sogar noch eins drauf. „Für die Fisolen. Meine Mutter hat schon immer gesagt: „In einbrennte Fisolen gehören einfach ein paar Tropfen Maggi hinein. Jetzt wollte ich einmal die Probe aufs Exempel machen. Und die Mama hat Recht."

Wie Lisl Wagner in manchen Dingen überhaupt großzügiger geworen ist, als sie es schon einmal war. „Ich salze das Fleisch beispielsweise jetzt auch wieder vorher. Denn nur dann kriegt es einen zarten Film und die Kruste wird besser."

Aber nicht nur Mamas Küchentipps bewähren sich über die Jahrzehnte, sondern auch das Rezept der Ungarischen Fischsuppe. Das wiederum stammt vom Papa: Dabei wird geschälter Paprika mitgeröstet, gestaubt, papriziert und mit Fischfond aufgegossen. Dann kommen die Rogenstücke dazu, und zum guten Abschluss gibt's den obligatorischen Klacks Sauerrahm.

Ja, und von Papa Bacher, da gibt es, wie wir gleich hören werden, noch viel, viel mehr zu erzählen.

Geeiste Erdäpfelsuppe mit Kaninchen-Crostini

ZUTATEN

2 ausgelöste Kaninchenfilets
40 g Schalotten, fein geschnitten
60 g Butter für das Gemüse
160 g speckige Erdäpfel, würfelig geschnitten
250 g geschnittener Lauch
Salz, Pfeffer
375 ml leichte Suppe
125 ml Obers
etwas Sauerampfer
2 Toastbrotscheiben
Butter zum Braten

ZUBEREITUNG

Die Schalotten gemeinsam mit dem Lauch und den Erdäpfeln in Butter anschwitzen und würzen.
Mit kochender Suppe aufgießen und kochen lassen, bis die Erdäpfel gar sind. Anschließend mit Obers aufmixen, passieren und kühl stellen.
Die Toastscheiben in Rechtecke schneiden und in Butter zu knusprigen Crostini rösten. Kaninchenfilets würzen, in Butter rosa braten und in mundgerechte Stücke aufschneiden. Die Crostini damit belegen.
Die geeiste Suppe nochmals aufmixen. In dekorativen Tellern anrichten, mit fein geschnittenem Sauerampfer bestreuen und mit den Crostini servieren.

Ochsenschwanzconsommé

ZUTATEN

2 Ochsenschwänze, geschnitten
300 g Wurzelwerk (Lauch, Karotten, Petersilie, Sellerie)
1/2 Zwiebel
Tomatenmark
125 ml Rotwein
60–70 ml Madeira
Pfefferkörner, Lorbeer
Salz, Pfeffer
Butterschmalz

ZUM KLÄREN

400 g grob faschiertes Rindfleisch
100 g faschiertes Wurzelgemüse
1 EL Tomatenmark
3 Eiklar

FÜR DIE EINLAGE

Fleischwürfel vom Ochsenschwanz
Wurzelgemüse
Ravioli etc. nach Belieben

ZUBEREITUNG

Die geschnittenen Ochsenschwänze im sehr heißen Rohr in etwas Butterschmalz gut anrösten. Dann die grob geschnittenen Wurzeln und die Zwiebel mitrösten. Tomatenmark einrühren und mit Madeira sowie Rotwein ablöschen. Verkochen lassen. Nun alles, wenn möglich ohne Fett, in einen Topf geben und mit kaltem Wasser aufgießen. Pfefferkörner sowie Lorbeer zugeben und langsam 3–4 Stunden köcheln. Danach die Suppe durch ein Sieb seihen und abschmecken. Etwas abkühlen lassen.
In der Zwischenzeit das faschierte Gemüse und Fleisch mit dem Tomatenmark vermischen. Das Eiklar schaumig schlagen, einige Eiswürfel und die Fleisch-Gemüsemasse einmengen. Diese Masse in die lauwarme Rindsuppe kräftig einrühren. Auf sehr heißer Platte schnellstens zum Aufkochen bringen und dabei immer wieder vorsichtig umrühren, damit sich das Eiweiß nicht absetzen kann. Nach dem Aufkochen auf kleine Flamme stellen und 30 Minuten nur mehr langsam köcheln lassen. Wieder durch ein Tuch vorsichtig abschöpfen.
Die Suppe mit Wurzelgemüse, Ochsenschwanzstückchen und beliebiger Einlage, etwa Ravioli, servieren.

Krautsuppe mit Grammeltascherln

ZUTATEN

2 kleine Schalotten
1/4 Weißkrautkopf
250 g Sauerkraut
1 Apfel
Salz, Pfeffer, Kümmel
1 l Rindsuppe
Obers und Sauerrahm zum Abschmecken
Apfel-Balsamessig
Butter zum Anrösten

FÜR DIE GRAMMELTASCHERL

300 ml Milch
25 g Butter
200 g Mehl
Salz,
3 kleine Eidotter
Öl zum Herausbacken

FÜR DIE FÜLLE

100 g gekochte Erdäpfelwürferl
100 g knusprige Grammeln
Salz, Kümmel, Pfeffer
Hauch Knoblauch
etwas Schnittlauch
Suppe und Butter

ZUBEREITUNG

Das Kraut schneiden und mit den gehackten Schalotten in Butter anrösten. Sauerkraut zugeben, mit Salz, Pfeffer sowie Kümmel würzen. Nun den Apfel hineinreiben, mit Suppe aufgießen und kochen lassen. Sobald das Kraut weich ist, mixen und passieren. Mit Obers, Sauerrahm und Apfel-Balsamessig abschmecken.
In vorgewärmten Tassen anrichten und mit den fertigen Grammeltascherln auftragen.

Für den Brandteig Milch mit Butter aufkochen. Das Mehl einrühren und abbrennen, bis sich der Teig vom Topf löst. Salzen und etwas überkühlen lassen. Dann am besten mit einer Küchenmaschine die Dotter einrühren. Teig ca. 1 Stunde rasten lassen.

Für die Fülle die gekochten Erdäpfelwürferl in Butter und wenig Suppe sämig einkochen. Zum Schluss die knusprigen Grammeln untermischen. Abschmecken. Den Teig ausrollen, kleine Scheiben ausstechen und etwas Grammelfüllung auftragen. Zusammenklappen und zu kleinen Ravioli festdrücken.
In heißem Fett backen.

Tafelspitzbouillon mit Grießknöderln und Gemüse

ZUTATEN

1 kg Rinderknochen
3 l Wasser
300 g Rindfleisch
1/2 Stange Lauch, 3 Karotten
1 Petersilienwurzel
1/2 Sellerieknolle
1/2 Röstzwiebel
1 Lorbeerblatt, 1 Muskatblüte
Pfefferkörner, Salz

FÜR DIE EINLAGE

80 g gekochtes Rindfleisch
etwas kleingeschnittenes Wurzelgemüse
Schnittlauch zum Bestreuen

FÜR DIE GRIESSKNÖDERL

60 g Butter, 1 Ei
120 g Grieß
Salz, Muskatnuss
Fett für das Blech

FÜR DIE LEBERPOFESEN

250 g Kalbsleber
2 eingeweichte Semmeln
2 Eier
Gehackte Petersilie
1 EL fein geschnittene, geröstete Schalotten
Salz, Pfeffer, Majoran
Semmelbrösel zum Binden
Butterschmalz zum Braten
Toastbrot

ZUBEREITUNG

Die gehackten Knochen wässern und blanchieren (überbrühen). Anschließend mit kaltem Wasser, Fleisch, Gemüse, Röstzwiebel (dafür Zwiebel auf Alufolie auf der Herdplatte ohne Fett ganz dunkel rösten) und den Gewürzen zum Kochen bringen. Etwa 3 Stunden köcheln lassen. Dabei hin und wieder abschäumen und Fett abschöpfen. Anschließend die Suppe durch ein Passiertuch seihen.

Für die Grießknöderl die Butter schaumig rühren. Das Ei und zum Schluss den Grieß gut einarbeiten. Mit Salz und Muskat abschmecken. Aus der Masse kleine Knöderl formen und auf einem befetteten Blech für 10 Minuten in den Kühlschrank geben. Anschließend in kochendes Salzwasser einlegen und zugedeckt ca. 10 Minuten ziehen lassen. Mit einem Schuss kaltem Wasser kurz abschrecken und zugedeckt weitere 2 Minuten ziehen lassen. (Das Volumen der Knöderl sollte sich beim Kochen verdoppeln.) Die Grießknöderl mit dem klein geschnittenen Fleisch und Wurzelgemüse in heißen Suppentellern anrichten, mit Schnittlauch bestreuen und mit heißer Rindsuppe aufgießen.

Für die Leberpofesen die Leber mit den Semmeln faschieren. Mit den Eiern binden, würzen, Majoran, Petersilie und die gerösteten Schalotten untermischen. Mit Semmelbrösel binden und im Kühlschrank mindestens 20 Minuten rasten lassen. Dann Toastbrot mit der Maschine sehr dünn aufschneiden, mit der Lebermasse bestreichen und 3–4 bestrichene Schichten aufeinander setzen. Mit Toastbrot abschließen. In heißem Fett auf beiden Seiten knusprig braten. Abtropfen lassen und in 1 cm breite Streifen schneiden. Zur Suppe gesondert auftragen.

Petersilienschaumsuppe

ZUTATEN

ca. 400 g Petersilienwurzeln
1 Spritzer Zitrone
500 ml leichte Rindsuppe oder Gemüsefond
125 ml Obers
30 g Butter
Salz, weißer Pfeffer und Muskatnuss
200 g Krauspetersilie

FÜR DAS SAUERRAHMGELEE

100 g Sauerrahm
50 g Geflügelfond
50 ml Obers
5 Blatt Gelatine
Salz, Pfeffer

ZUBEREITUNG

Zunächst die Krauspetersilie blanchieren (überbrühen), in Eiswasser abschrecken und im Cutter zerkleinern. Die Petersilienwurzeln waschen, schälen und klein schneiden. Mit ein wenig Zitronensaft in Salzwasser und etwas Suppe schnell weich kochen. Im Mixer fein pürieren. Durch ein Tuch passieren. Mit etwas Rindsuppe und Obers auffüllen, aufkochen lassen und Salz, Pfeffer, Muskatnuss abschmecken. Mit eiskalter Butter und der Krauspetersilie noch schaumig aufmixen.

Für das Sauerrahmgelee Gelatine in kaltem Wasser einweichen. Sauerrahm mit Fond und Obers erwärmen, die ausgedrückte Gelatine darin auflösen und abschmecken. Die Masse auf eine Silpatmatte gießen, kühl stellen und fest werden lassen. Dann das Gelee in beliebige kleine Vier- oder Rechtecke schneiden. Sauerrahmgelee in Tellern platzieren und die Suppe erst bei Tisch eingießen.

Karotten-Ingwersüppchen

ZUTATEN

70 g Jungzwiebeln, nur das Weiße
70 g Karotten
40 g Butter
Je 50 g Karfiol, Romanesco- und Broccoliröschen
etwas Ingwer, Salz und Kurkuma
1 l Hühnerfond
etwas Erdäpfelpüree
kalte Butter zum Aufschäumen
Arganöl zum Beträufeln
Chili nach Bedarf

ZUBEREITUNG

Karotten schälen und mit den Jungzwiebeln in Butter anschwitzen. Mit Kurkuma, Ingwer und etwas Salz würzen und mit dem Hühnerfond aufgießen. Nun die Karotten weich kochen. Dann mixen und mit etwas eiskalter Butter aufschäumen.

Für die Einlage die kleinen Röschen in Salzwasser bissfest kochen. Wenig (warmes) Erdäpfelpüree in der Tellermitte platzieren. Die gekochten Röschen mit Hilfe eines Ringes darauf anrichten, Ring abziehen und mit der Suppe umgießen. Mit einigen Tropfen Arganöl beträufeln.
Nach Belieben mit einer Prise Chili würzen.

Thomas Dorfers

Kärntner Hochzeitssuppe

ZUTATEN FÜR
1 HOCHZEITSGESELLSCHAFT

je ca. 400 g Huhn
(mit Knochen), Rinderschulter,
Schweineschulter und Lamm
6–8 Ochsenschwanzknochen
250 g geschälte Karotten
1 Knollensellerie
3–4 Petersilstängel
1 Petersilwurzel
1 Zimtrinde
1 Prise Aniskörner
10 Pimentkörner
10 Pfefferkörner

ZUM VOLLENDEN

3 g Safran
500 ml Schlagobers
500 ml Sauerrahm
Mehl
Salz
Cayennepfeffer

ZUBEREITUNG

Die Gewürze in ein Tee-Ei geben. Dann alles gemeinsam in genügend kaltem Wasser zustellen und langsam zu einer klaren kräftigen Suppe kochen. Weich gekochtes Gemüse und Fleisch – je nach unterschiedlicher Garungsdauer – nacheinander aus der Suppe heben. Dann die Suppe durch ein feines Tuch abgießen. Das Fleisch von den Knochen lösen.
Sauerrahm mit etwas Mehl glatt rühren und mit Schlagobers sowie Safran in die Suppe einrühren und die Suppe damit leicht binden. Mit Cayennepfeffer und Salz abschmecken. Fleisch und Gemüse kleinwürfelig schneiden und mit der aufgeschäumten Suppe anrichten.

BEILAGENEMPFEHLUNG: Original Kärntner Reinling.

Es fliegt, es fliegt …

Wie aus einer
Backhendlstation
ein Gourmetrestaurant
wurde

Anno 1957 eine Sensation: Lisl Bacher mit ihrer Mutter am ersten elektrischen Küchenherd (rechts).

Was als Backhendlstation begann, war ab den 50er Jahren Gourmet-Tempel, in dem sich die Prominenz die Klinke in die Hand gab. Von Bundespräsidenten und Schauspielern bis zu Sportlern und Dichtern war alles da – und sie sind gerne wiedergekommen.

Das Thema Geflügel kann man im Landhaus Bacher zu Mautern nicht abhandeln ohne zu erwähnen, dass das heutige Gourmetrestaurant aus einer Backhendlstation hervorgegangen ist, die es wiederum nicht gäbe, hätte sie Lisls Vater Hans Bacher nicht gegründet. Als er dies tat, war Hans Bacher jedoch schon als „Blinder Wirt von Mautern" eine Legende zu Lebzeiten. Denn als der gelernte Koch, Kellner und Fleischhauer aus dem Krieg in das elterliche „Gasthaus zum schwarzen Tor" in der Mauterner Ortsmitte zurückkehrte, war dieses nicht nur von der russischen Besatzungsmacht okkupiert, sondern Hans Bacher musste auch miterleben, wie aufgrund einer Kriegsverletzung sein Sehnerv zunehmend geschwächt wurde.

Während Hans Bachers Sehnerv bis zur Erblindung erlahmte, baute er jedoch sowohl das „Schwarze Tor" als „Winterquartier" wieder auf und gründete für die Sommertage auch eine kleine Jausenstation mit Tanzboden „draußen vor der Stadt", die sich nach und nach zu einer Backhendlstation und einem der beliebtesten Lokale der Wachau entwickelte. Lisl Wagner, Jahrgang 1953, erinnert sich noch heute, wie sie im zarten Alter von drei Jahren gemeinsam mit dem Küchenherd „im Frühling hinaus und im Herbst wieder herein" übersiedelt wurde.

Mit der „Entdeckung" der Wachau durch die Filmwelt in den 50er und 60er Jahre stellte sich auch immer mehr Prominenz ein, um sich am reschen Wachauer und den knusprigen Backhendln zu laben, die damals noch alles andere als unter Legebatterieverdacht standen. Lisl Wagner weiß noch ganz genau, wie die Hühnerbeschaffung damals funktionierte: „Wir sind mit dem Zug nach Spitz zum Hendlbauern gefahren und haben unsere Fracht dann mit dem Leiterwagen nach Mautern zurückbefördert. Und wir haben viele Hendln gebraucht."

Lisl Wagner schätzt es auch nicht, wenn stets von den „gastronomischen Sünden der Wirtschaftswunderjahre" gesprochen wird. „Anderswo hat man die sicherlich auch begangen", gibt sie zu, „aber bei uns war schon damals alles frisch. Die Hendln kamen zuerst in die Panierlade und dann ins Pfandl. Alles war frisch, Salat aus der Dose hat es nie gegeben, dafür wurde der Früchteeisbecher nur mit frischen Früchten zubereitet. „Eine echte gute Hausmannskost eben mit einem gewissen Experimentierfaktor. Manchmal sind meinem Vater die Klassiker wie Esterházyrostbraten und Cordon Bleu zu fad geworden. Dann hat er zu meiner Mutter gesagt: Annerl, wir probieren was aus. Und so ist dann beispielsweise sein Schusterschnitzel entstanden, das nichts anderes als eine Art Nobel-Cordon-Bleu war."

Die Speisekarte scheint jedenfalls nach dem Gusto der Gäste gewesen zu sein, über deren Zufriedenheit heute noch in den alten Gästebüchern einiges nachzulesen steht: „An einem schönen Frühlingsabend beim Bacher" fühlte sich etwa der damalige Bundespräsident Adolf Schärf besonders wohl. Weitere Eintragungen stammen, um nur einige Namen zu nennen, von den Kessler-Zwillingen, der Operndiva Maria Reining, dem Tenor Peter Minich, der Jodelkönigin Lolita, den großen Schauspielern Oskar Werner und Josef Meinrad, den Dichtern Heimito von Doderer und Karl-Heinrich Waggerl. Und sogar der unvergessliche Hans Albers weilte hier und ließ über seinen Chauffeur Paul Schrammel zu Protokoll geben, er sei „beim blinden Wirt von Mautern so besoffen gewesen wie sonst niemals in seinem Leben."

Lisl erlebte diese lang anhaltende Blütezeit mit, solange sie noch ins Kremser Gymnasium ging, bevor sie dann mit 15 Jahren in die Reichenhaller Hotelfachschule übersiedelte. Vater Bacher hatte sein „Dreimäderlhaus" aufs Leben in der Gastronomie gut vorbereitet. Aus Gerda wurde später die legendäre Gerda Schickh, Hannerl Bacher übernahm das „Schwarze Tor", und als Lisl nach ihrem Schulabschluss ein bisschen weiter hinaus und ins „sündige Paris" übersiedeln wollte, wurde sie von Papa, um das zu verhindern, prompt als „Assistentin" engagiert.

„Wäre ich mit meiner Freundin Dagmar damals tatsächlich nach Paris gegangen, hätte ich sicher Karriere in einem großen Hotelkonzern gemacht. Dagmar wurde immerhin die erste Frau Generaldirektor an der Spitze eines Interconti."

Feinspitze sind Vater Bacher trotz solcher verpasster Aussichten für die „Abwerbung" seiner Tochter bis heute dankbar, und Lisl Wagner ist, wie sie gesteht, „letztlich auch froh, dass ich die Selbständigkeit gewählt habe."

Was Lisl damals auch noch wählte, war ihr Lebenspartner, der Hochbauingenieur Klaus Wagner. „Dass er gerne getrunken und gegessen hat", erinnert sich Lisl heute, „hat den Vater ja gefreut, aber dass er nicht vom gastrono-

Auch er war Gast bei Lisl Wagner-Bacher, auch er kam immer wieder – bis er eines Tages blieb. Hochbauingenieur Klaus Wagner wurde Lisl Wagners Lebenspartner und einer der bedeutendsten Connaisseurs der internationalen Weinwelt.

Den Seitenwechsel von der Technik in die Welt des Genusses hat Klaus Wagner keine Sekunde bereut. Mit Christoph Wagner lässt sich bei einem feinen Roten gut über Gott und die Welt plaudern.

mischen Fach war, das hat ihn wie ein Schlag gerührt. Der frisch gebackene Schwiegersohn, mittlerweile einer der bedeutendsten Connaisseurs der internationalen Weinwelt, wechselte also die Seiten und wurde nach einem Wifikurs vom Stammgast zum – „nun ja, so ein genaues Berufsprofil hatte er damals noch nicht." Lisl rückblickend: „Ich kann mich jedenfalls gut entsinnen, dass ich damals jahrelang zwischen meinen beiden wichtigsten Männern gestanden bin."

Auch die Karriere als zukünftige Meisterköchin war Lisl Wagner übrigens alles andere als an der Wiege der Backhendlstation gesungen. „In der Küche standen immer die Mutti und die Hannerl", erinnert sie sich, „während ich vom Kochen überhaupt keine Ahnung hatte. Erst als die Hannerl dann ihre erste Tochter bekam, musste ich ran. Aber ich war Linkshänderin, und meine Mutter war, ehrlich gesagt, von meinen Kochkünsten alles andere als überzeugt."

Die stellten sich erst ein, als Lisl und Klaus den Betrieb ab 1979 „gleitend übernahmen" und Lisl sich für einen Drei-Tages-Schnupperkurs beim damals schon weit über Österreich hinaus berühmten Werner Matt im Wiener Hilton anmeldete.

Lisl Wagner: „Ich erinnere mich heute noch an sein Carpaccio mit Sherry-Nussöl-Dressing und Dotter. Da tat sich für mich eine ganz neue Welt auf."

Die schöne neue Welt war einer von Lisl Wagner-Bachers liebsten Lebensabschnitten. „Man konnte ja so viel probieren damals, und es gab noch so viel zu erfinden. Heute ist schon fast alles durchprobiert und mehr als genug erfunden. Heute wird man einfach in ein Schema gepresst – und schon steht man auch unter dem Verdacht, etwas kopiert zu haben, das einem in Wahrheit selbst eingefallen ist."

Es sollte, was Werner Matt und das Hilton betraf, jedenfalls nicht beim Schnuppern bleiben. Nach zwei Privatseminaren durfte Lisl 1980 drei Tage lang in der Matt'schen Vorbereitungsküche arbeiten, und zwar unter den gestrengen Augen des damaligen Hilton-Sous-Chefs Reinhard Gerer. „Was ich in Sachen Warenkunde weiß", bekennt sie, „habe ich dort gelernt."

Als Lisl eines Nachmittags zuschauen durfte, wie Gerer seine berühmte Fischterrine machte, war zufällig auch der renommierte „Gourmet"-Herausgeber Johann Willsberger dabei – und ehe sie sich's versah, war sie auch schon in der damals boomenden „Gourmetszene" verankert.

Als Lisl Wagner-Bacher in ihrem Landhaus 1980 erstmals probeweise eine „Feinschmeckerecke mit Amuse gueule und allem Drum und Dran" installierte, war einer ihrer ersten Gäste ein Schuldirektor, der nicht mit kritischen Worten sparte: „Da gibt's zwar vorher was und nachher was, statt dass S' in der Mitten a bissl mehr geben ..."

Genau in diesem Augenblick endete die Geschichte der Backhendlstation, und die Zukunft des Landhauses Bacher hatte begonnen.

Die Backhendln sind dennoch bis heute nicht wirklich ausgeflogen und

erscheinen immer noch auf der Speisekarte des Landhauses, selbstverständlich in idealtypischer Art und Weise zubereitet (nämlich als in Mie-de-pain gewälzte und in Butterschmalz ausgebackene Stubenküken). Dazu freilich gesellten sich im Laufe der Zeit immer häufiger auch andere Vögel wie Flugenten, Tauben, Fasane, Wachteln, Rebhühner, Miral-Perlhühner ...
Vor allem mit dem Fasan verbindet Lisl Wagner auch zahlreiche Kindheitserinnerungen. „Es gab Zeiten, da hatten wir 120 Fasane im Kofferraum. Mutti hat sie immer auf die gleiche Weise im Rahmsaftl mit Nudeln zubereitet. Als ich dann selbst vor der Aufgabe stand, einen Fasan zuzubereiten, habe ich den Geschmack noch ganz genau im Gedächtnis gespeichert gehabt – aber ich hab kochen können, so viel ich wollte, ich hab ihn nicht mehr so hingekriegt."
Der Grund: Man hatte ihr nur Fasane aus Volieren geliefert, in denen sie vor dem Abschuss gezüchtet worden waren – was sie um den typischen Wildgeschmack brachte. Seither kommen im Landhaus Bacher nur noch Wildfasane auf den Tisch, und da, wie Lisl hinzufügt „ausschließlich Hennen, denn sie sind den Manderln geschmacklich bei weitem überlegen."
Auch beim Gansl bleibt die sonst Experimenten gegenüber nach wie vor aufgeschlossene Lisl Wagner bewusst klassisch. Die Gans wird auf ihre eigenen Flügel gebettet und zugedeckt eine Stunde lang geschmort. Dann wird die Abdeckung entfernt und die Gans möglichst lange auf der Bauchseite gebraten. Erst im letzten Drittel der Bratzeit, wenn die Gans schon weich ist, sollte man sie umdrehen.
Gibt es da nicht vielleicht noch das eine oder andere Geheimnis für die „Gans nach Landhausart"?
Lisl Wagner denkt kurz nach. „Ja, vielleicht dass ich den Bratapfel nie in die Bauchhöhle stecke, weil dann das Saftl zu süß gerät. Den brate ich lieber extra. Aber das wahre Geheimnis eines guten Gänsebratens ist die Qualität der Gans. Ich habe mir meine Gänsezüchter mühsam selbst gezüchtet. Schon als Kind gab es von mir ein Foto, auf dem ich als Gänselisl zu sehen bin."
Allein: Im Küchenalltag ist der „Gänselisl" die Ente allemal lieber. „Sie ist wesentlich gastronomiefreundlicher als die Gans, weil der Garprozess auch unterteilt und die Ente daher besser vorbereitet werden kann. Aber abgesehen von ihrer herrlichen, aus Frankreich abgeschauten Entenrillette ist Lisl Wagner bei der Ente „ganz und gar ganz wachauerisch, und zwar vom Rotkraut bis zum Waldviertlerknödel."
„Du hast noch was vergessen", wirft Klaus Wagner, der uns bei unserem Gespräch bislang zugehört hat, ein.
„Ach ja, die Tauben", schmunzelt Lisl. „Tauben isst der Chef ja so gern."
Sein Lieblingsgericht?
„Eines von vielen", erwidert Klaus Wagner in seiner brummenden Art.
„Da würden wir nicht fertig werden mit unserem Gespräch, wenn wir alle seine Lieblingsspeisen aufzählen würden", lacht Lisl.

Im Landhaus Bacher kommen nur Wildfasan-Hennen auf den Tisch. Die sind ihren männlichen Artgenossen im Geschmack nämlich bei weitem überlegen.

Pichelsteiner Eintopf

Die Lieblingsspeise von
Lisl Wagner-Bachers Vater Hans Bacher

ZUTATEN

400 g gekochtes Rindfleisch
200 g gekochtes Rindfleisch für die Pofesen
1 l Rindsuppe
600 g Erdäpfel
1 Sellerieknolle
je 2 Gelbe Rüben und Karotten
1 Lauch
1/2 Kohlkopf
1 Karfiol oder Broccoliröschen
8 dünn geschnittene Scheiben Brot
Salz, Pfeffer, Lorbeer, Thymian oder Majoran
2 Knoblauchzehen
Öl zum Herausbacken

ZUBEREITUNG

Die verschiedenen Gemüse schälen und in stärkere Scheiben schneiden. Alle Gemüse in etwas Salzwasser getrennt bissfest kochen. Dann sämtliche Gemüse nacheinander mit dem geschnittenen Fleisch in einen Topf schichten. Mit der Suppe übergießen, würzen, kurz aufkochen und dann am Herdrand oder bei sehr mäßiger Hitze ziehen lassen.
In der Zwischenzeit für die Pofesen das Rindfleisch in Scheiben schneiden, jeweils zwischen 2 Brotscheiben legen und in heißem Fett knusprig backen. Den Gemüseeintopf anrichten und mit den knusprigen Pofesen servieren.

Perlhuhntranchen
auf Sommergemüse

ZUTATEN

2 Perlhuhnbrüste
8 kleine Jungkarotten
8 Jungzwiebeln
Stangensellerie
10 Erbsenschoten
1 Fenchelknolle
4 kleine Erdäpfel
Salz, Pfeffer
1 Lorbeerblatt
1 Thymianzweig
Etwas Zucker
125 ml Gemüsefond
kalte Butter
Olivenöl
Kerbel zum Garnieren

ZUBEREITUNG

Das Gemüse putzen, waschen und in etwa gleich große Stücke schneiden. In einem Topf alles miteinander vermengen, würzen und etwas Olivenöl sowie die Kräuter dazugeben.
Im Rohr bei 130 °C ca. 35 Minuten zugedeckt schmoren.
Abschließend mit Gemüsefond aufgießen, mit etwas eiskalter Butter binden und nochmals abschmecken.
Inzwischen die Perlhuhnbrüste würzen und in etwas Fett langsam rosa braten. Die Perlhuhnbrüste dünn aufschneiden und auf dem Gemüse anrichten. Mit frischen Kerbelblättchen garnieren.

TIPP

Falls gerade Eierschwammerl Saison haben sollten, so mischen Sie noch einige Schwammerl unter das Gemüse.

Rebhuhn
im Rahmsafterl

ZUTATEN

4 küchenfertige Rebhenderl
100 g dünner grüner (ungeräucherter) Speck, dünn geschnitten
1 Scheibe durchzogener Speck zum Braten
Salz, Pfeffer, Thymian
3 Pimentkörner, Lorbeerblatt
einige Karottenwürferl
500 ml Wild- oder Kalbsfond
60–70 ml Schuss Schlagobers
1–2 EL Sauerrahm, mit 1 TL Mehl verrührt

ZUBEREITUNG

Die Rebhühner mit Salz, Pfeffer und Thymian würzen und in Speck einwickeln. Rundum gut anbraten und im Rohr bei 160 °C ca. 15–20 Minuten braten. Währenddessen wiederholt begießen. Herausnehmen und noch warm rasten lassen.
Im Bratenrückstand den durchzogenen Speck anbraten. Pimentkörner, Lorbeerblatt sowie wenige Karottenwürfel zugeben, mitbraten und mit Wildfond aufgießen. Auf ca. 125 ml einkochen lassen. Abseihen und mit Obers aufgießen. Mehl mit Sauerrahm glatt rühren, einmengen und die Sauce abschließend mit Pfeffer abschmecken.

BEILAGENEMPFEHLUNG

gekochte Nudeln, knusprige Speckscheiben und Preiselbeeren.

Fasanbrüstchen

mit Apfel-Trauben-Kraut und Serviettenwürfeln

ZUTATEN

4 ausgelöste Fasanbrüstchen
100 g dünn geschnittener grüner (ungeräucherter) Speck
etwas Schweinsnetz zum Einwickeln
Salz, Pfeffer, Thymian
1 Scheibe durchzogener Speck
3 Pimentkörner, 1 Lorbeerblatt
1 kleine Karotte, klein gewürfelt
500 ml Wildfond
60–70 ml Schlagobers
1 EL Sauerrahm
schwarzer Pfeffer, geschrotet

FÜR DAS KRAUT

600 g junges Kraut, in sehr feine Streifen geschnitten
ca. 40 Weintrauben, halbiert und entkernt
1/2 Apfel
Salz, Pfeffer
Butter
Balsamicoessig, mindestens 20 Jahre alt

FÜR DIE SERVIETTENWÜRFEL

500 g Semmelwürfel
500 ml Milch
50 g flüssige Butter
5 Eidotter
5 Eiklar
Petersilie
Salz, Pfeffer, Muskatnuss
Butter für das Tuch

ZUBEREITUNG

Die Fasanbrüstchen mit Salz, Pfeffer und Thymian würzen. In grünen Speck und etwas gut gewässertes Schweinsnetz einwickeln. Rundum gut anbraten und im Rohr bei 180 °C knusprig braten. Herausnehmen und noch etwas warm rasten lassen. Im Bratenrückstand die Speckscheibe, Pimentkörner, Lorbeerblatt sowie wenig Karottenwürfel anbraten. Mit Wildfond aufgießen und auf etwa 125 ml einkochen lassen. Dann abseihen und mit Obers aufgießen. Die Sauce mit Sauerrahm und frisch geschrotetem Pfeffer abschmecken. Brüstchen tranchieren und auf dem Kraut anrichten. Mit den Serviettenwürfeln servieren.
Das Kraut in Butter leicht anbraten. Apfel schälen, in kleine Würfel schneiden und gemeinsam mit den Trauben dazugeben. Vom Herd nehmen und abschmecken.
Sofort anrichten. (Nicht zu lange stehen lassen, da es sonst unansehnlich wird.)

Für die Serviettenwürfel flüssige Butter mit Milch, Dottern, Salz, Pfeffer sowie Muskatnuss verquirlen und über die Semmelwürfel gießen. Etwas zusammendrücken und eine halbe Stunde ziehen lassen. Dann Eiklar mit etwas Salz zu Schnee schlagen und unter die Semmelmasse heben. Zu einer Rolle formen und in ein mit Butter befettetes Tuch einrollen. Enden gut verschließen und etwa 30 Minuten sanft köcheln lassen. Auskühlen lassen, in Würfel schneiden und in Butter anbraten. Vor dem Servieren mit gehackter Petersilie bestreuen.

Über den Wassern zu singen

Wie der Steinbutt
auf den Zander traf

Wunderbare Luft, hohe Wassergüte und jede Menge Nasen. Dieser Süßwasserfisch war fast vom Aussterben bedroht und ist jetzt dank eines EU-Projekts wieder in großen Mengen zu haben – auch auf dem Teller.

Endlich gibt es in der Wachau wieder mehr Nasen.
Das ist keineswegs das Resultat der letzten Volkszählung, sondern die erfreuliche Entwicklung eines EU-Projekts zur Förderung des *Chondrostoma nasus* (deutsch: Nase), eines autochthonen Süßwasserfisches, der in der Wachau seit jeher heimisch ist, aber schon fast vom Aussterben bedroht war. Doch keine Angst. Niemand braucht zu befürchten, demnächst auf den Wachauer Speisekarten Nasen auf Veltlinersabayon, mit Knoblauch gebratene, mit Blunzenfarce gefüllte oder gar blaue Nasen zu finden. Allein der Umstand, dass die Nase sich nunmehr in Wachauer Gewässern wieder so heimisch fühlt, stellt der Wassergüte der Donau zwischen Melk und Krems ein exzellentes Zeugnis aus.
Lisl Wagner-Bacher sieht das, was die Praxis in ihrem Küchenalltag betrifft, allerdings nicht ganz so optimistisch.
„Faktum ist: Ich kriege heute immer noch wesentlich leichter einen Steinbutt aus Wildfang als einen Wildfangsaibling. Und Wildfang muss es in einem Restaurant unserer Kategorie ganz einfach sein. Das gilt für den Steinbutt ebenso wie für den Zander."
Ausnahmen bestätigen freilich die Regel. Peter Brauchls berühmter Alpenlachs kommt als einziger Zuchtfisch auch im Mauterner Landhaus auf den Tisch. Mitunter werden auch exzellente Wildfangfische aus dem Salzkammergut angeliefert, und auf den „wilden Zander" hat Lisl Wagner ein Abonnement bei den Neusiedler-See-Fischern. Karpfen spielen in der noblen Landhausküche kaum eine Rolle. „Fische mit Gräten funktionieren nicht in dieser Art von Gastronomie", sagt Frau Lisl apodiktisch. „Und das heute fast

überall übliche Schröpfen lehne ich ab." Der Hecht wiederum - in der Wachau dank der Hechtnockerln fast so etwas wie ein Kulturgut - ist, wie wir noch hören werden, so eng mit dem Namen Edeltraud Jameks verbunden, dass er bei Lisl Wagner allein schon aus Respekt vor der „Doyenne der Wachau" nur auf den Tisch kommt, wenn er extra bestellt wird.
Das Meer ist dem Landhaus in Mautern daher - wieder einmal - näher als anderswo, und dass Patron Klaus Wagner ein expliziter Verehrer von Hummer und Languste ist (wieder zwei seiner ungezählten Lieblingsspeisen) trägt dazu das Seine bei, selbst wenn Klaus Wagner bekennt: „Ich liebe auch Süßwasserkrebse!"
„Bevor wir geheiratet haben", neckt ihn Ehefrau Lisl, „hast du überhaupt keine Krusten- und Schaltiere gemocht."
„Man wird ja noch dazulernen dürfen", kommt prompt die Retourkutsche.
Auch Lisl Wagner liebt Schaltiere, besitzt aber, nicht zuletzt aus tierethischen Gründen, weder Hummerbecken noch Fischkalter. Wie die Liebe zum Federvieh geht auch Lisl Wagners Liebe zu den Wasserbewohnern auf ihre frühe Kindheit zurück. „Wenn Hochwasser war, habe ich immer darauf gewartet, dass es zurückging. Denn dann fischten die Fischer die Lacken ab und brachten neben Hechten und Spiegelkarpfen auch jede Menge Weißfische und vor allem Brachsen mit, aus denen meine Mutter dann die köstlichsten Fischlaberl gemacht hat, die sich denken lassen. Da hatten die damals gerade aufkommenden Fischstäbchen keine Chance dagegen."
Aber auch mit dem Kabeljau verbindet Lisl Bacher eine Jahrzehnte lange Beziehung. Während die Mama sich nämlich um die Verarbeitung der Weißfische und Brachsen kümmerte, war der Kabeljau Papa Bachers Domäne. „Er hat ihn immer in Zwiebelsud mit Butter und Erdäpfeln gemacht", schwärmt Lisl, auf deren Karten der Kabeljau heute, da er selten und teuer geworden ist, immer noch eine Rolle spielt. „Vor allem als Skrei, wenn er noch nicht geschlechtsreif ist. Dann schmeckt er am besten."
Heute ist und bleibt Lisl Wagners absoluter Lieblingsfisch jedoch der Steinbutt. „Er ist einfach der König der Fische, vor allem dann, wenn er im Ganzen im Rohr zubereitet wird." Wie in so vielen anderen kulinarischen Fragen auch, ist sich Lisl in dieser Hinsicht ganz und gar mit Schwiegersohn Thomas Dorfer einig. „Wenn der Butt ungefähr dreieinhalb Kilo schwer ist, dann gibt es nichts Besseres", pflichtet er der Schwiegermama bei.
Dennoch endet unser Gespräch über die Wasserbewohner eher nachdenklich als euphorisch. „Keiner weiß, wie das mit den Fischen weitergeht. Die Meere sind ausgefischt und auch im Süßwasser machen sich vor allem die Edelfische rar", sagt Lisl. „Wenn nicht schnell etwas geschieht, wird sich in zehn, fünfzehn Jahren wohl nur mehr noch eine winzige Gruppe von Genießern Wildfangfische leisten können. Und das wäre wirklich schade."

Flusskrebs und Forelle – Fischstäbchen haben im Landhaus Bacher keine Chance. Lisl Wagner-Bachers Lieblingsfisch ist übrigens der Steinbutt, „vor allem dann, wenn er im Ganzen im Rohr zubereitet wird".

Alpenlachs mit Ofenkürbis und Balsamico-Linsen

ZUTATEN

4 Filets vom Alpenlachs à 120 g
Butter, Salz
Bei Bedarf etwas Fischfond
100 g Prosciutto für das „Prosciuttomehl"
125 ml Schlagobers
geröstete Kürbiskerne zum Bestreuen

FÜR DEN OFENKÜRBIS

800 g Muskatkürbis
50 g Butter
Golden Balsamico (heller Balsamico- oder Apfel-Balsamicoessig)
Salz, Cayennepfeffer
etwas Currypulver
1 EL Zucker

FÜR DIE LINSEN

50 g rote Linsen
50 g Gemüsebrunoise (kleine Sellerie- und Karottenwürfel)
80 g Berglinsen oder kleine normale Linsen
Wurzelgemüse (1 kleine Karotte und 1 kleines Stück Sellerie)
1/2 TL gehackte Schalotten
Etwas feinwürfelig geschnittener Speck
Balsamicoessig
Salz, Pfeffer, Butter
Thymian, Lorbeerblatt
Pfefferkörner
2 Paradeiser für den Paradeissud

ZUBEREITUNG

Zunächst die Berglinsen über Nacht einweichen. Dann in leicht gesalzenem Wasser mit Wurzelgemüse, Thymian, Pfefferkörnern sowie Lorbeerblatt weich kochen und abschrecken.
Das Kürbisfleisch in 1 cm große Würfel schneiden. Butter aufschäumen lassen, Kürbis darin anbraten und mit Essig ablöschen. Würzen und mit 1 Esslöffel Zucker im Rohr bei 170 °C zugedeckt 20 Minuten schmoren.
Inzwischen für den Paradeissud die Paradeiser ca. 5 Minuten in etwas Wasser kochen. Abgießen und die roten Linsen in diesem Sud aufkochen. (Sie behalten dadurch ihre rote Farbe.) In einer Pfanne die Schalotten in heißem Fett anschwitzen, Berg- und rote Linsen dazugeben und mit etwas Kochsud aufgießen. Butter hinzufügen und das zu Brunoise geschnittene Gemüse daruntermischen. (Einen Teil des Gemüses für die Sauce aufbewahren.) Mit Balsamicoessig, Thymian, Salz und Pfeffer abschmecken. Kurz vor dem Anrichten den Speck knusprig rösten. Die gerösteten Speckwürfel darüberstreuen.
Für das Prosciuttomehl den dünn geschnittenen Prosciutto im Rohr knusprig braten, abkühlen lassen und fein cuttern (ergibt eine herrliche Würze!).
Den Alpenlachs in 8 gleich große Stücke schneiden, salzen, mit Butter bepinseln und im Dampfgarer bei 80 °C je nach Stärke des Filets 5–7 Minuten garen oder mit etwas Fischfond bei schwacher Hitze in einer zugedeckten Pfanne garen. Der Fisch soll auf alle Fälle innen noch glasig sein.
Die Haut abziehen, die Außenseite mit dem vorbereiteten „Prosciuttomehl" bestreuen und jeweils 2 Filets zusammensetzen. Das Kürbisgemüse in der Tellermitte anrichten, den Alpenlachs daraufsetzen, Linsen zugeben und mit gerösteten Kürbiskernen bestreuen. Restliche Gemüsebrunoise mit Obers aufgießen, kurz dünsten, aufmixen, würzen und als Sauce dazugießen.

Bachforelle im Speckmantel mit handgerührter Polenta

ZUTATEN

4 Bachforellen à 250 g
4 Zweiglein Estragon
200 g hauchdünn geschnittener Speck
Salz, Pfeffer

FÜR DIE POLENTA

120 g Maisgrieß
500 ml Wasser
2–3 EL Butter
Salz aus der Mühle

ZUBEREITUNG

Für die Polenta das Salzwasser in einem großen Topf auskochen. Dann den Maisgrieß langsam nach und nach ins kochende Wasser einrühren und dabei am besten mit einer Schneerute kräftig umrühren. Auf kleinster Flamme je nach Anleitung länger oder kürzer dahinköcheln lassen, bis die Polenta schön cremig ist. Währenddessen wiederholt umrühren, damit sich die Polenta nicht am Boden anlegt. (Achtung: Spritzgefahr!) Abschließend Butter einrühren und die Polenta abschmecken.
Die Bachforellen waschen, trocken tupfen und mit jeweils einem Zweiglein Estragon füllen. Mit wenig Salz sowie Pfeffer würzen und mit den Speckscheiben umwickeln. Eine passende gusseiserne Pfanne (oder zwei kleine) erhitzen, die Forellen einlegen und zunächst auf hoher, später auf mittlerer Hitze braten. Nach etwa 10 Minuten wenden und fertig braten.

TIPP

Wenn Sie die Polenta bei kleiner Hitze möglichst lange köcheln, so erhält sie am Topfboden und -rand eine knusprige Schicht, die von so manchem Feinschmecker äußerst geschätzt wird.

Forelle
mit Butterbröseln und Chicorée

ZUTATEN

4 Forellen à ca. 200 g
100 g Brösel von entrindetem Toastbrot
Butter zum Rösten
Butterschmalz
50 g Toastbrot, in sehr kleine Würfel geschnitten
40 g Speckwürferl, knusprig gebraten
Salz, Pfeffer
frittierte Blattpetersilie
Fischsauce siehe Grundrezept s. S. 265

FÜR DEN CHICORÉE

2 Chicorée , 1 EL Butter
Zitronensaft, Zucker
Olivenöl

ZUBEREITUNG

Die Forellen filetieren und die Gräten sorgsam entfernen. Dann die Filets würzen, auf der Hautseite in heißem Butterschmalz langsam unter mehrmaligem Übergießen braten.
Die Brösel und das Toastbrot getrennt voneinander in Butter rösten. Mit Speck und frittierter Petersilie vermischen.
Den Chicorée in kleine Stücke schneiden und einen Teil in Butter schwenken. Mit Zitronensaft, Zucker und Olivenöl abschmecken. Den restlichen Chicorée roh mit Zitronensaft und Olivenöl marinieren.
Die gebratenen Forellenfilets mit Chicorée und Fischsauce anrichten, mit den Speck-Butterbröseln bestreuen.

Zander
mit Erdäpfel-Krautfleckerln

ZUTATEN

4 Zanderfilets à 130 g (mit Haut)
Butterschmalz zum Anbraten
200 g rohe Erdäpfel
200 g junge Krautblätter, geschnitten
Erdnussöl zum Anbraten
Salz
Etwas Zucker
Schwarzer Pfeffer
Butter

FÜR DAS SCHNELLE SCHÄUMCHEN

1 gekochter und gepresster Erdapfel
Etwas Suppe und Riesling
Butter

ZUBEREITUNG

Den Zander würzen und auf der Hautseite unter mehrmaligem Übergießen ganz langsam braten, damit er innen schön saftig und außen echt knusprig wird. Zum Schluss ein Stückchen Butter aufschäumen lassen.
Die rohen Erdäpfel mit der Maschine in dünne Scheiben und anschließend mit dem Messer in Rauten schneiden. In lauwarmem Wasser auswaschen, damit sich die Stärke absetzen kann und die Erdäpfel nicht zusammenkleben.

Für die Fleckerl zwei Pfannen aufstellen. In einer Pfanne mit etwas mehr Erdnussöl die Erdäpfelrauten knusprig herausbacken. In der anderen Pfanne das gesalzene Kraut in etwas Fett braten. Abschließend mit einem Teelöffel Zucker karamellisieren und mit schwarzem Pfeffer würzen. Kurz vor dem Anrichten die Erdäpfel mit Kraut mischen, nochmals abschmecken und auf vorgewärmten Tellern anrichten. Den knusprig gebratenen Zander daraufsetzen. Mit dem vorbereiteten Schäumchen beträufeln.

Für das schnelle Schäumchen etwas Suppe mit einem gekochten, gepressten Erdapfel aufmixen. Mit etwas Butter und Riesling verfeinern.

TIPP

Diese Erdäpfel-Krautfleckerl geben auch eine passende Beilage zu zahlreichen Fleischgerichten, etwa zu knusprigem Spanferkel ab.

Knuspriger *Wolfsbarsch* auf Fenchel-Muscheln

ZUTATEN

4 Wolfsbarschfilets
à 120 g
Thymian, Salz, Pfeffer
Olivenöl zum Braten
200 g Venusmuscheln
Rigatoni (dicke Röhrennudeln) nach Belieben

FÜR DEN GEMÜSEFOND

2 Fenchel
Salz, Zitronensaft
Pernod, Noilly Prat
3 vollreife Tomaten

FÜR DEN FENCHEL-GEMÜSEFOND

4 entsaftete Fenchel
(ca. 250 ml)
250 ml Tomatenconsommé
getrocknete Tomaten
8 EL Gemüsebrunoise
(feinwürfelig geschnittene Artischocke, Zucchini, Tomatenwürfel), angebraten
Pfeilwurzelmehl zum Binden
Noilly Prat, Olivenöl

ZUBEREITUNG

Für den Gemüsefond Fenchel in Salzwasser aufstellen. Mit etwas Zitronensaft, einem Schuss Pernod sowie Noilly Prat aromatisieren, Tomaten zugeben und alles weich kochen. Im Fond auskühlen lassen.
Die Muscheln gut waschen und im wieder erhitzten Gemüsefond zugedeckt ca. 3 Minuten garen, bis sich alle Muscheln geöffnet haben. Kurz überkühlen lassen und Muscheln auslösen.

Für den Fenchelfond zunächst den Fenchelsaft mit der Consommé um die Hälfte einkochen lassen. Mit etwas Pfeilwurzelmehl binden. Dann etwas Noilly Prat, Olivenöl, die gehackten getrockneten Tomaten und die restlichen angebratenen Gemüse zugeben. Mit den ausgelösten Muscheln vermengen.
Den Fisch würzen und auf der Hautseite knusprig braten. Inzwischen Rigatoni in Salzwasser bissfest kochen. Nach Belieben mit etwas Gemüsebrunoise füllen. Die Fenchel-Muscheln auf vorgewärmten Tellern anrichten, den gebratenen Wolfsbarsch daraufsetzen und mit den gefüllten Rigatoni servieren.

Seezunge mit Rosmarin gebraten

Lisl Wagner-Bachers liebstes Fischgericht

ZUTATEN

4 Seezungen à 300 g
Butterschmalz zum Braten
Weißbrotbrösel und Mehl
Salz, Rosmarin
Kaltgepresstes, aromatisches Olivenöl
Erdäpfel nach Belieben als Beilage

FÜR DEN PARADEISSALAT

8–12 Paradeiser
Salz, Pfeffer
Sherryessig, Olivenöl und etwas Balsamicoessig

ZUBEREITUNG

Die Seezungen häuten, die Gräten wegschneiden und den Fisch salzen. Mehl mit Bröseln vermengen und die Seezungen darin wenden. In heißem Butterschmalz gemeinsam mit dem Rosmarin goldbraun braten. Herausnehmen und mit sehr gutem, geschmacksintensivem Olivenöl übergießen.

Für den Salat die Haut der Paradeiser kreuzweise einschneiden. Dann in kochendem Wasser kurz blanchieren (überbrühen), in Eiswasser abschrecken, schälen und vierteln. Mit Essig, Öl, Salz sowie Pfeffer marinieren und an einer warmen Stelle 10 Minuten ziehen lassen.
Mit der gebratenen Seezunge auftragen. Nach Belieben dazu Erdäpfel reichen.

TIPP

Lisl Wagner-Bacher trinkt dazu am liebsten ein Glas leichten Rotwein.

Minestrone mit Seeteufel

ZUTATEN

300 g Seeteufel
6 Scheiben Speck
Fett zum Braten
Salz, Pfeffer

FÜR DIE MINESTRONE

je 150 g Karotten, Zucchini, zarte grüne Bohnen
150 g geschälte Tomatenwürferl
100 g ausgelöste und gekochte grüne Saubohnen (Alternative: schwarze Bohnen)
750 ml klare Gemüsesuppe (oder leichte Rindsuppe)
1 Knoblauchzehe
100 g Lauchringerl
1 Scheibe Speck, klein gewürfelt
4 EL geriebener Parmesan
Muskatnuss, Salz, Pfeffer
frisches Basilikum
Fett zum Braten

ZUBEREITUNG

Die Karotten, Zucchini und grünen Bohnen in kleine Würferl schneiden. Die Karotten und die grünen Bohnen in Salzwasser kochen, in Eiswasser abschrecken. Den Speck im Fett kurz anrösten. Lauch und die Knoblauchzehe dazugeben und mit der Suppe aufgießen.
Nach 3 Minuten die Karotten, Bohnen und Zucchini dazugeben und nach weiteren 5 Minuten den Knoblauch wieder entfernen und die Tomatenwürferl einmengen.
Die Suppe nun nicht mehr kochen! Mit Salz, Pfeffer, Muskatnuss, Basilikum und Parmesan abschmecken.
Nun den Seeteufel in kleine Medaillons schneiden, würzen, mit den Speckscheiben umwickeln und mit der „Nahtstelle" nach unten in heißem Fett anbraten. Dann auf allen Seiten anbraten und langsam so fertig braten, dass er innen noch nicht durch, sondern noch leicht glasig ist. Medaillons aufschneiden und auf der Minestrone anrichten.

TIPP

Man kann die Suppe noch mit gerösteten Weißbrotscheiben garnieren oder mit bissfest gekochter Pasta verfeinern.

Heilbutt auf weißen Zwiebeln mit Curry und Chili

ZUTATEN

4 Filets vom Heilbutt à 130 g
125 ml Fischfond
250 ml Geflügelfond
4 geschälte weiße Zwiebeln
Currypulver, Chili
Salz, Zucker
Noilly Prat
frischer Schnittlauch als Garnitur
Butter zum Braten
Eiskalte Butter zum Montieren

ZUBEREITUNG

Die Zwiebeln halbieren, in Streifen schneiden und mit etwas Butter sowie Zucker anschwitzen. Mit Noilly Prat ablöschen und zugedeckt im Rohr bei 150 °C ca. 12 Minuten schmoren. Mit Geflügelfond und eiskalter Butter montieren (binden) und würzig abschmecken.
Den Fischfond mit Salz, Curry und Noilly Prat abschmecken. Etwas reduzieren (einkochen lassen), etwas eiskalte Butter einrühren und den Heilbutt einlegen.
Bei mäßiger Hitze nur ziehen lassen, damit die Filets innen schön glasig bleiben. Geschmorte Zwiebeln in möglichst tiefen Tellern anrichten, Heilbuttfilets darauf platzieren und Schnittlauch garnieren.

BEILAGENEMPFEHLUNG: Gnocchi.

Hummer „klassisch"

ZUTATEN

2 gekochte Hummer
à 500 g
Butter und leichter Fond
zum Erwärmen
200 g Erbsenschoten
Salz
Himbeeressig
Haselnussöl
kleine gezupfte Salate

FÜR DAS DRESSING

2 Eidotter
Himbeeressig
Haselnussöl nach Bedarf
Salz, Pfeffer
60–70 ml Schlagobers

ZUBEREITUNG

Die gekochten Hummer halbieren. Scheren sowie Schwanz auslösen und das Hummerfleisch in einem leichten Fond mit etwas Butter wärmen. Achtung: Der Hummer darf nicht zu heiß werden, da sein Fleisch sonst zu zäh wird!

Für das Dressing Dotter mit etwas Essig sowie Salz aufmixen und das Öl wie bei der Zubereitung von Mayonnaise langsam einfließen lassen, bis die Masse schön bindet. Zum Schluss wieder mit etwas Obers verdünnen, damit die Sauce nicht zu deftig schmeckt. Mit Salz und Pfeffer abschmecken.

Die Erbsenschoten in Salzwasser bissfest kochen. In gesalzenem Eiswasser abschrecken, auf einem Tuch abtrocknen und mit Essig, Öl sowie Salz marinieren. Diagonal aufschneiden und auf Tellern dekorativ anrichten. Die geputzten Salate ebenfalls marinieren und anrichten. Den Hummer in der Mitte platzieren und mit Himbeerdressing umgießen.

Thomas Dorfer
Restaurant
Landhaus Bacher
JEUNES
RESTAURATEURS
D'EUROPE

Fleischeslust oder:
Warum rotes Fleisch grüne Beilagen liebt

Von Kälbern, Lämmern,
Rindern und Schweinen

Ein Paradies für Weinkenner: In Loiben findet man nicht nur einige der bekanntesten Weingüter der Region, sondern auch die schönsten Lagen der Wachau und ein Mikroklima, das ganz besondere Weine gedeihen lässt.

Würde man Lisl Wagner-Bacher vor die Entscheidung stellen, in Hinkunft nur noch Fleisch oder nur noch Gemüse zu essen, sie würde sich wohl eher fürs Gemüse entscheiden. Doch Gottlob stellt sich ihr diese Frage nicht, und so kann sie gemeinsam mit ihren Gästen, frei nach dem alten Paracelsus-Spruch „Allein die Dosis macht's", einer vernünftig dimensionierten Fleischeslust frönen.

In Sachen Fleisch ist Lisl Wagner, obwohl ihre großen Leidenschaften Gemüse und Fisch sind, bis heute nicht unverführbar geblieben. Ich bemerke das, als ich mit ihr an einem der ersten Frühlingstage auf der Terrasse von Schloss Dürnstein, umringt von Marillenbäumen mit prallen Knospen, Kaffee trinke, um die Zeit zwischen zwei Terminen zu überbrücken. Da ich nichts zu Mittag gegessen habe, verspüre ich ein wenig Hunger und frage Lisl, ob sie mit mir eine Kleinigkeit essen möchte. Sie winkt ab, und ich frage den Oberkellner, der mich in seiner unnachahmlichen Eleganz an Omar Sharif erinnert, ob man am Nachmittag ein kleines Beef Tatar haben könne. Als dieser schon gegangen ist, um das Tatar zu bestellen, winkt ihn Lisl Wagner noch einmal

zurück und sagt: „Bringen S' a große Portion. Beef Tatar, das habe ich schon ewig nicht gegessen, und jetzt habe ich einen echten Gusto drauf."
Wir trinken dazu einen – rein klassisch betrachtet – weniger zum Beef Tatar, aber umso mehr zur nachösterlichen Stimmung am Dürnsteiner Schlossberg passenden Veltliner Federspiel vom Weingut Prager. Die mit ihren Strahlen verschwenderisch freigiebige Frühlingssonne bestätigt einmal mehr Lisl Wagners Wachauer Mittelmeertheorie, an die Sinuskurve des köstlichen Fleischbergs schmiegt sich konturstark ein resches Wachauerlaberl, und wir sind uns einig, dass die Welt anderswo nicht schöner sein kann als hier.
„Unter meinen drei absoluten Lieblingsspeisen als Kind waren, neben der Forelle nach Müllerinart, immerhin zwei Fleischspeisen", erzählt Lisl: „Holsteinschnitzel und Naturschnitzerl."
Mittlerweile ist ihre Beziehung zur Fleischkost ambivalenter, aber doch keineswegs negativ geworden. „Gewiss könnte ich mir heute vorstellen, gänzlich ohne Fleisch zu leben, und meine Abende sind, wenn ich nicht gerade auswärts speise, immer nur Gemüsegerichten vorbehalten." Doch ist Lisl Wagner-Bacher trotzdem eine geblieben, die sich über ein Stück schönes Fleisch wirklich freuen kann.
„Angefangen hat das mit den ersten Tiroler Milchkälbern, die ich eingekauft habe", erinnert sie sich. „ Ich war in diese Kälber ganz verliebt. Das war alles so appetitlich. Da war nichts blutig, alles schön gemasert und fein strukturiert. Schon damals habe ich mir gedacht: Da esse ich lieber nur ein oder zweimal in der Woche Fleisch, aber dann dafür so eines."
Die Erfahrung vieler, um nicht zu sagen aller großen Köchinnen und Köche blieb auch Lisl Wagner-Bacher nicht erspart: „Es wird zwar immer mehr von Fleischqualität gesprochen, tatsächlich wird es aber von Tag zu Tag schwieriger, natürliches und gutes Fleisch zu bekommen. So ein Tiroler Milchkalb, das läuft ebenso wenig draußen auf der Wiese vorbei wie ein Tiroler Ochs." – Womit Lisl Wagner zwei ihrer Lieblingsfleisch-„lieferanten" schon verraten hat.
Wobei das Hauptproblem – nämlich eine gleich bleibende Fleischqualität – in Österreich auch dann ungelöst bleibt, wenn immer mehr Bauern auf den „biologischen Ursprung" ihrer Fleischsorten verweisen. „Bio ist wichtig", gesteht Lisl Wagner gerne ein, „aber Bio allein, das kann es noch nicht sein. Unsere Produzenten werden zwar immer besser, aber sie glauben leider sehr oft, sie seien schon am Ziel angelangt. Oft stehen sie in ihren Qualitätsbestrebungen in Wahrheit noch am Anfang und müssen noch viel arbeiten, um das Ziel einer beständigen Qualitätsoptimierung auch wirklich zu erreichen."
Dabei ist Lisl Wagner-Bacher ihren Lieferanten gegenüber eine besonders treue Kundin. „Wenn ich einmal etwas reklamiere, so mache ich das nicht, weil ich kapriziös bin, sondern meine Kritik hat wirklich immer Hand und Fuß. Einen guten Lieferanten erkennt man daran, wie er mit einer solchen Rekla-

Barocker Monumentalbau am westlichen Ausgang der Wachau: das Benediktinerstift Melk.

Im Einklang mit der Natur und mit sich selbst – Lisl Wagner-Bacher vertraut auf die einfachen Schätze aus der Natur: „Was man aus einem so einfachen Lebensmittel wie Kraut alles machen kann, fasziniert mich immer wieder aufs Neue.“

mation umgeht. In keinem Fall sollte er unbedingt wie ein schlechter Gastronom nach Ausreden suchen. Wie ich mir treue Gäste wünsche, so bin auch ich ein treuer Kunde. Wenn's allerdings einmal gar nimmer geht, dann muss man sich leider auch einmal anderweitig orientieren ...“

Das ist gelegentlich bei den Milchlämmern der Fall. Da wird Lisl ihrer Heimat schon auch einmal untreu. „In manchen Saisonen kommt man mit den Tauernlämmern aus, es gibt aber auch Zeiten, in denen man das Milchlamm einfach nur aus Frankreich bestellen kann, wobei ich ohne Milchlammrücken durchaus leben kann. Aber ohne so eine schöne Milchlammkeule möchte ich mir meine Küche eigentlich nicht vorstellen.“

Neuseeländische Lämmer, auf die manche andere Kollegen schwören, kommen Frau Lisl indessen nicht ins Haus, ebenso wenig wie Ziegenfleisch, das ihr ganz und gar nicht geheuer ist. „Ich mag keine Ziegen, ich mag sie nicht einmal im Streichelzoo, und auch Ziegenkitz oder Ziegenkäse mag ich nicht.“

Dafür liebt Lisl Wagner-Bacher den zarten, aromatisch-einschmeichelnden Geschmack eines guten Spanferkels, vor allem dann, wenn es knusprig auf Paprikakraut daherkommt und von einem kleinen Grammelknödel begleitet wird.

Doch die entsprechenden Schweinderln, früher in der Gegend von jedem Bauern erhältlich, machen sich in letzter Zeit auch immer rarer. „Dabei könnten wir in der Wachau so herrliche Schweine füttern“, ist sich Lisl sicher. „Früher haben die Bauern den wertvollen Sautrunk aus den Rückständen der guten Wachauer Gasthöfe abgeholt, der ein ideales Schweinefutter war. Seit der jüngsten EU-Verordnung dürfen die Schweine jedoch kein Naturfutter mehr bekommen und die Gastronomen müssen teuer dafür bezahlen, dass ihr Biomüll entsorgt wird, ohne dass er wieder in den landwirtschaftlichen Kreislauf zurückgeführt wird.“

Manche Dinge sind halt schon schwer, manche gar nicht zu verstehen.

Leicht zu verstehen ist indessen, wie Lisl Wagner-Bacher ihre Fleischküche definiert: „Bei allem Streben nach optimaler Fleischqualität machen den eigentlichen Charme meiner Gerichte niemals die Fleischsorten, sondern die Beilagen aus. Ich bekenne mich dazu, dass die österreichische Küche vor allem auch eine Beilagenküche ist.“

Und da kommen auch gleich wieder Lisl Wagner-Bachers geliebte Gemüse ins Spiel. „Allein, was man aus einem so einfachen Lebensmittel wie Kraut alles machen kann, fasziniert mich immer wieder aufs Neue. Ob Balsamicokraut, Paprikakraut, Speckkraut, Spitzkraut, Tomatenkraut – ach, wie kann das alles gut schmecken!“

Lammkoteletts
mit gratinierten Gemüseschnitten

ZUTATEN

Ca. 1 kg Lammrücken mit Knochen, aber ohne Grat
Rosmarin, Thymian, Salz

FÜR DIE GRATINIERTEN GEMÜSESCHNITTEN

2 große Erdäpfel
2 Paradeiser
2 kleine Zucchini
1 Paprikaschote, geschält und weich gebraten
3 kleine Melanzani
Salz, Pfeffer, Cayennepfeffer
2 EL geschmorte und gehackte Schalotten
Olivenöl zum Beträufeln

ZUBEREITUNG

Die Lammkoteletts salzen und gemeinsam mit Thymian und Rosmarin kurz auf beiden Seiten anbraten.
Die Erdäpfel schälen und in ca. 5 mm dünne und 6 x 3 cm große Scheiben schneiden. Die Scheiben bissfest kochen und wieder herausnehmen. Zucchini und Melanzani ebenfalls in Scheiben schneiden und braten. Paprikaschote vierteln und entkernen, die Paradeiser in Scheiben schneiden. Nun die Erdäpfelscheiben mit den geschmorten und gehackten Schalotten bestreichen. Dann das restliche Gemüse schichtweise auf die Erdäpfelscheiben auflegen und möglichst schön zuschneiden. Würzen und mit ein paar Tropfen Olivenöl beträufeln. In eine ausgefettete Form legen und im vorgeheizten Backrohr bei 150 °C ca. 5 Minuten überbacken.
Mit den kurz gebratenen Koteletts servieren.

Gefüllte Zwiebel
mit Rinderfiletwürfeln

ZUTATEN

je nach Größe 4 oder 8 Gemüsezwiebeln
1 Zwiebel, in Ringe geschnitten zum Frittieren
400 g Rinderfilet
400 ml Rindsuppe oder -fond
Salz, Pfeffer
Senf
eiskalte Butter
Pflanzenfett zum Frittieren
4 große Erdäpfel
Fisolen
Mehl mit Paprikapulver vermischt

ZUBEREITUNG

Die ganzen Zwiebeln in Alufolie wickeln und im Rohr bei 170 °C ca. 30 Minuten wirklich weich garen. Währenddessen die Fisolen kurz schneiden und in Salzwasser weich kochen. Die Erdäpfel kochen, schälen, in Würfel schneiden und in heißem Fett braten. Die Zwiebelringe in der Mehl-Paprikamischung wälzen und gut abklopfen. In heißem Öl knusprig braten. Herausheben und abtropfen lassen. Würfelig geschnittenes Rinderfilet mit Salz sowie Pfeffer würzen, kurz auf allen Seiten anbraten und wieder herausnehmen. Bratfond mit kräftiger Rindsuppe oder Fond aufgießen, Senf einrühren und mit etwas eiskalter Butter montieren, bis ein kompaktes Safterl entsteht. Sobald die Zwiebeln weich sind, schälen, oben abschneiden, die inneren Ringe herausnehmen und klein hacken. Mit den Filetwürfeln und den Fisolen vermengen und die Zwiebeln damit füllen. Mit den knusprigen Zwiebelringen garnieren, mit den Erdäpfeln anrichten.

TIPP

Wenn Sie etwas mehr Zeit zur Verfügung haben, könnten Sie das Gericht auch mit knusprigen Erdäpfelrosetten servieren. Dafür werden die Erdäpfel geschält und mit einer Maschine in dünne Scheiben geschnitten. Dann in kleine Scheiben rund ausstechen und durch lauwarme, zerlassene Butter ziehen. Auf einem Backpapier zu einer Rosette legen und kalt stellen. Sobald die Rosetten wirklich gut durchgekühlt und fest sind, in einer beschichteten Pfanne mit etwas Fett langsam knusprig braten.

Kalbsfilet mit der Feigen-Nuss-Kruste und warmem „Waldorfgemüse"

ZUTATEN

4 Kalbsfilets à 150 g
4 frische Feigen
125 ml Portwein
etwas Zucker
Saft und etwas geriebene
Schale von 1 Mandarine
Stangen- und Knollensellerie
1 kleine Zimtrinde
Sternanis, kleines Stück
Vanilleschote
Eiskalte Butter zum Montieren
Nussöl
Einige Apfelstiftel
Butter
Salz, Pfeffer, Cayennepfeffer

FÜR DIE KRUSTE

50 g weiße Butter
3 getrocknete Feigen
1 frische geschälte Feige
70 g geschälte und geröstete
Haselnüsse

ZUBEREITUNG

Die Kalbsfilets würzen und in etwas Butter so braten, dass sie innen noch zartrosa sind. Dann im Rohr bei 70 °C warm stellen. Für die Kruste die Feigen sehr kleinwürfelig schneiden und mit den gehackten Haselnüssen und der Butter mischen. Vor dem Servieren auf die Filets auftragen und im Backrohr unter dem Grill (oder bei maximaler Oberhitze) kurz überbacken. Portwein mit Zucker, Mandarinensaft und -schale sowie Gewürzen aufkochen und die geschälten Feigen darin weich dünsten. Dann die Feigen herausnehmen und den Fond reduzieren (einkochen), bis er leicht sirupartig geworden ist. Mit etwas eiskalter Butter binden und die Feigen wieder einlegen. Öfter mit Sauce übergießen und somit schön glacieren. Stangen- und Knollensellerie schälen, in gleichmäßige Stäbchen schneiden und getrennt weich kochen. Danach in Butter mit etwas Nussöl und einigen Apfelstäbchen schwenken. Mit Salz und Cayennepfeffer würzen. Gemeinsam mit dem Filet und den Feigen anrichten.

BEILAGENEMPFEHLUNG: Pofesen.

Kalbsfilet und Kalbsbruströllchen mit Semmelfülle

ZUTATEN

1 Kalbsfilet von ca. 200–300 g
Kalbsbrust ohne Knochen, aber nicht untergriffen
Butterschmalz
Salz, Pfeffer
etwas Majoran
Kalbsfond zum Dämpfen

FÜR DIE SEMMELFÜLLE

500 g Weißbrot, entrindet und gewürfelt
250 ml Milch
125 g Butter
5 Eidotter
5 Eiklar
Petersilie, geschnitten
Salz, Pfeffer

FÜR DIE GEMÜSECASSOLETTE

12 junge Karotten
12 Stangen grüner Spargel
12 Stangen weißer Spargel
100 g Erbsenschoten
50 g Erbsen
2 EL Butter
1 TL Zucker
60–70 ml Gemüse- oder leichte Rindsuppe
Salz, Pfeffer
Einige kalte Butterflocken zum Montieren
Kerbel zum Garnieren

ZUBEREITUNG

Zuerst die Kalbsbrust würzen, auf beiden Seiten in Fett scharf anbraten, aus der Bratpfanne nehmen und gemeinsam mit etwas Kalbsfond vakuumieren, also im Dampfgarer bei 78 °C 9 Stunden garen. (Oder bei mäßiger Hitze langsam weich dünsten.) Kalbsbrust auspacken und noch warm in eine passende Terrinenform ca. 10 cm hoch einschlichten. Dazu die Kalbsbrust mehrmals übereinanderklappen oder vorher in breitere Streifen schneiden und diese übereinanderschichten. Mit einem Teller o. Ä. beschweren und etwa 12 Stunden kalt stellen.

Für die Fülle Weißbrot in Milch tränken. Dotter mit Butter abtreiben und hinzufügen, Eiklar schlagen und unterheben. Nun die Masse würzen. Die Abschnitte (Reste) der Kalbsbrust in kleine Würfel schneiden und mit frischer Petersilie untermischen.
Die kalt gestellte Brust stürzen und in ca. 7 mm starke Bahnen schneiden. Mit der Fülle bestreichen, einrollen und die Röllchen vorsichtig in Klarsicht- und Alufolie wickeln. Bei 90 °C nochmals 12 Minuten garen. Dann in Kalbsfond noch leicht ziehen lassen. Mit dem rosa gebratenen Kalbsfilet auf der Gemüsecassolette anrichten.

Für die Gemüsecassolette Spargel und Karotten erst schälen, beim Spargel auch die holzigen Teile entfernen. Dann das Gemüse jeweils bissfest kochen. Wenig Butter in einer Pfanne zerlassen, Zucker dazugeben und das gesamte Gemüse darin schwenken. Mit Salz und Pfeffer würzen, mit Suppe ablöschen und die Flüssigkeit etwas einkochen lassen. Zum Schluss mit eiskalter Butter binden. Mit Kerbelgrün garnieren.
Inzwischen das Kalbsfilet würzen und in Butter rosa braten, noch ca. 10 Minuten rasten lassen.

Spanferkel mit Kraut und Erdäpfelknöderl

ZUTATEN

600 g Spanferkelrücken
mit Knochen und Schwarterl
etwas Kümmel, Salz, Pfeffer
Knoblauch
Rind- oder Kalbsfond
Eiskalte Butter zum Binden

FÜR DAS KRAUT

900 g feines Kraut
Salz, schwarzer Pfeffer, Kümmel
Zucker, Sherryessig
125 ml Gemüse- oder Rindsuppe
Schweineschmalz zum Braten

FÜR DIE ERDÄPFELKNÖDERL

1 kg heiße, geschälte und
gepresste Erdäpfel
200 g Erdäpfelmehl
6 Eidotter
100 g flüssige Butter
2 EL Grieß
Salz, Pfeffer, Muskatnuss
100 g Grammeln zum Wälzen

ZUBEREITUNG

Das Spanferkel zunächst im 2 cm hohen Salzwasser mit dem Schwarterl nach unten 7 Minuten im Rohr bei 150 °C garen. Herausnehmen, abtrocknen und das Schwarterl (nicht aber das Fleisch!) rauten- bzw. karoförmig einschneiden. Mit Salz, Pfeffer und Kümmel einreiben. Wieder in die Pfanne setzen und mit der Flüssigkeit bei 180 °C Oberhitze 15–20 Minuten braten. Anschließend auf einem Rost rasten lassen. Inzwischen das Fett abgießen. Den Knoblauch in Scheiben schneiden und im Bratrückstand kurz mitrösten. Mit Rind- oder Kalbsfond aufgießen, reduzieren und mit eiskalter Butter zu einem sämigen Safterl binden. Abschließend bei starker Oberhitze die Schwarte noch knusprig braten.
Krautkopf vierteln, äußere Blätter entfernen und Kraut in Rauten schneiden. Salzen und in Schweineschmalz langsam anbraten. Etwas Kümmel einrühren. Sobald das Kraut leicht braun geworden ist, mit wenig Zucker karamellisieren. Mit etwas Suppe aufgießen und mit Salz, schwarzem Pfeffer und Sherryessig abschmecken.

Für die Knödel alle Zutaten vermischen und mit Salz, Pfeffer sowie Muskat zu einem Knödelteig verarbeiten. Aus der Masse kleine Knöderl formen und in Salzwasser ca. 10 Minuten langsam kochen. Herausheben und abtropfen lassen. Die Grammeln hacken und in einer Pfanne leicht anwärmen. Die Erdäpfelknöderl darin wälzen.
Das knusprige Spanferkel in 2 cm dicke Scheiben schneiden und mit Kraut sowie den kleinen Erdäpfelknöderln anrichten.

Wachauer Kitzerlschulter mit jungen Fisolen

ZUTATEN

1 Kitzerlschulter von ca. 900 g
Salz, Pfeffer
Rosmarin, Thymian
4 Knoblauchzehen
375 ml Kalbsfond
1 EL geschälte Paradeiswürfel
Butter
Öl zum Anbraten

FÜR DIE BEILAGE

250 g junge Fisolen
16 Kirschparadeiser
8 Schalotten
Einige Saubohnenkerne
Butter zum Anschwitzen
Eiskalte Butter zum Montieren
Etwas Fond zum Aufgießen

ZUBEREITUNG

Das Fleisch würzen, in heißem Fett rundherum gut anbraten und die Kräuter sowie den Knoblauch dazugeben. Etwas Fond angießen und zugedeckt bei 90 °C ca. 4 Stunden im Rohr weich schmoren. Zum Schluss den Deckel entfernen, die Hitze auf 170 °C erhöhen und das Fleisch noch etwas bräunen. Etwas Fond angießen, Butter und Paradeiswürfel einrühren. Nun das Fleisch sehr oft übergießen und auf diese Weise glacieren. Schulter auslösen, die dickeren Teile in Tranchen schneiden und mit dem Schmorsaftl anrichten. Mit dem Gemüse auftragen.
Inzwischen die Fisolen putzen und in Salzwasser kochen (nicht zu weich, aber auch nicht so al dente, dass sie zwischen den Zähnen „quietschen"). In Eiswasser abschrecken, damit die Farbe erhalten bleibt. Saubohnen ebenfalls weich kochen. Geschälte Schalotten in einer Kasserolle mit etwas Butter anschwitzen, ein paar Tropfen Fond angießen und die Schalotten zugedeckt weich schmoren. Dann das gesamte Gemüse mit etwas Suppe und den geschälten sowie halbierten Kirschparadeisern durchschwenken und mit eiskalten Butterstücken montieren.

Lammschulter
mit Grießknöderl

ZUTATEN

Ca. 1 kg Lammschulter
Junges Gemüse (Jungkarotten, Erbsenschoten, junge ausgelöste Erbsen)
Salz, Pfeffer
Butter und gehackte Kräuter zum Schwenken
Öl zum Braten

FÜR DIE MARINADE

Sauerrahm
Zitronenschale
Thymian

FÜR DIE GRIESSKNÖDERL

500 ml Milch
120 g Butter
200 g Grieß
Muskatnuss, Salz
150 g Weißbrot, entrindet und in Würfel geschnitten
4 Eier

ZUBEREITUNG

Sauerrahm, Zitronenschale sowie Thymian zu einer Marinade vermengen und die Lammschulter darin 3–4 Tage marinieren. Währenddessen wiederholt wenden. Aus der Rahmmarinade heben, gut trocken tupfen und mit Salz sowie Pfeffer würzen. In etwas Fett in einer Pfanne kurz anbraten und anschließend im heißen Rohr bei 200 °C ca. 25 Minuten braten. Dann noch 10 Minuten rasten lassen. (Die Kerntemperatur sollte 58 °C betragen.) Vor dem Tranchieren in einer Pfanne reichlich Butter schmelzen lassen, gehackte Kräuter zugeben und die Lammschulter damit gut übergießen. Inzwischen das Gemüse putzen, Erbsen auslösen und alles getrennt in Salzwasser mit etwas Butter bissfest kochen. In Eiswasser abschrecken und in Butter schwenken. Das Fleisch tranchieren und gemeinsam mit den vorbereiteten Grießknöderln und dem Gemüse anrichten.

Für die Grießknöderl Milch mit Butter und einer Prise Salz aufkochen. Den Grieß einrühren und kochen, bis der Grieß weich ist. Überkühlen lassen. Eier und Weißbrotwürfel mit der Küchenmaschine unterrühren, abschmecken und die Masse 1 Stunde rasten lassen. Dann kleine Knöderl formen und in siedendem Salzwasser 15 Minuten langsam kochen.

RAPID

Im „Inneren“ der Wachau

Ein kleiner Exkurs
über Innereien

Die mächtige Gottesburg hoch über Mautern: Der Berg, auf dem Stift Göttweig erbaut wurde, war schon in der Hallstattzeit besiedelt. Auf den Göttweiger Berg führt der so genannte Prälatenweg, von dem aus man bis nach Krems blicken kann.

Die mitteleuropäische Küche – und in Mitteleuropas Mitte liegt ja nun einmal die Wachau – hat ein wichtiges, ja identitätsstiftendes Merkmal, auf das sie in den letzten Jahrzehnten mit fast allzu leichter Hand zunehmend verzichtet hat.

Gemeint ist die Innereienküche, die Wiener und süddeutsche, böhmische und Triestiner, ungarische und Tiroler Küche fast leitmotivisch zusammenhielt.

Dieser Zusammenhalt wurde, vor allem durch die aus den USA nach Europa überschwappende Anti-Cholesterin-Welle, schon seit den 60ern und 70ern weitgehend unterminiert. Und die Innereienküche – mit ihrer ausgesprochenen Liebe zu Beuschel, Bruckfleisch, Kalbsbries, Kalbskopf, Kutteln, Nierndln und vor allem auch Leber ursprünglich eher eine klein- bis gutbürgerliche Volksküche – „enthob“ sich allmählich in die dünnere (und auch wesentlich teurere) Luft der Gourmetrestaurants. „Dass die Innereien gourmetfein wurden“, erinnert sich Lisl Wagner-Bacher, „habe ich erstmals durch meinen langjährigen Stammgast Rudolf Bayr bemerkt, der ja auch in seiner legendären TV-Sendung ‚Häferlgucker unterwegs‘ immer wieder dafür Propaganda gemacht hat. Meine ‚scharfen Kutteln‘ waren sein Lieblingsgericht. Und sobald ein Hund im Raum war, war der von Rudi Bayrs Tisch kaum noch wegzubringen."

Lisl Wagner isst Innereien selbst sehr gerne und ist überzeugt, dass „sich gesundheitliche Nachteile nur dann einstellen, wenn man zu viel davon genießt." Was ja ähnlich wie beim Wein und vielen anderen Dingen in der gehobenen Kulinarik ist: „Wer mit Augenmaß zu genießen versteht, der genießt auch gesund."

Auch der Höhepunkt der Cholesterin-Phobie dürfte generell überschritten sein. „Innereiengerichte sind heute wieder ein Fixbestand meiner Spezialitätenkarte", erzählt Lisl Wagner, schränkt allerdings gleichzeitig ein: „In meinen Menüs findet man Innereiengerichte sicher nicht. Denn sobald Innereien in ein Menü eingebaut sind, zeigt die Erfahrung, dass es nicht mehr bestellt wird."

Herrn und Frau Feinschmeckers Lieblingsinnerei ist zweifellos das Kalbsbries, das Lisl Wagner-Bacher unnachahmlich in einem Mantel aus schwarzen Périgord-Trüffeln zuzubereiten versteht. Ihr Tipp: „Es muss ein Herzbries sein und keinesfalls ein Schlundbries – und die schwarzen Trüffeln dürfen keine umbrischen Sommertrüffeln sein, sondern man braucht echte Wintertrüffeln aus dem französischen Périgord. Die sind geschmacklich unschlagbar!"

Das Stift Göttweig ist einer der ältesten Weinbaubetriebe Österreichs, bis ins Jahr 1083 lassen sich die Wurzeln zurückverfolgen. Hier wachsen Grüner Veltliner, Riesling, Chardonnay und Pinot Noir.

Ganz oben auf Lisl Wagners Innereien-Hitparade stehen auch Kalbsnieren und Kalbsleber. Kalbsnieren brät Lisl Wagner am liebsten im Ganzen mitsamt der Fetteindeckung, die sie vor dem Servieren jedoch entfernt. „Interessanterweise wollen die meisten Gäste den nussigen Geschmack des Nierenfettes zwar gerne auf der Zunge haben, aber kein Mensch will das Fett sehen."

Aus diesem Grund ist die „fettfreie" Kalbsleber schon noch leichter unter die Leute zu bringen. Umso schwerer ist heute allerdings wiederum eine echte Milchkalbsleber zu bekommen.

Doch Lisl Wagner-Bacher und Schwiegersohn Thomas Dorfer finden immer einen Weg, um die Grundzutaten für ihre köstlichen „Kalbsleberstangerl" zu beschaffen.

Beide sind sich übrigens auch in ihrer Liebe zum Beuschel einig, das Thomas Dorfer neuerdings mit großem Erfolg als Kalamarfülle verwendet.

Nicht ganz so einfach ist es allerdings, den Gästen „Hirn mit Ei" schmackhaft zu machen. „Dabei sollte man doch eigentlich annehmen", sagt Thomas Dorfer schmunzelnd, „dass der Mensch nach dem verlangt, was ihm oft fehlt."

Kalbsniere
im Ganzen gebraten

ZUTATEN

2–3 schöne ganze Kalbsnieren mit Fettmantel
Salz, Pfeffer, Thymian, Rosmarin
Einige Schalotten
2 Karotten
Fett und Butter zum Anbraten
Mineralwasser zum Aufgießen
Erdäpfelflan s. S. 203

FÜR DIE SAUCE

2 Schalotten
250 ml Kalbsfond
60–70 ml Riesling
1 KL Dijonsenf
100 g kalte Butter

ZUBEREITUNG

Sind die Kalbsnieren von allzu viel Fett umgeben, etwas davon wegschneiden und wie Grammeln auslassen. Diese zum Schluss ein bisschen ausdrücken und beiseite stellen.
Die ganzen Nieren würzen und in etwas Fett rundum gut anbraten. Im heißen Rohr bei 180 °C ca. 35 Minuten fertig braten. Dann noch 10 Minuten rasten lassen.
Währenddessen für die Sauce im Bratenrückstand der Nieren die fein geschnittenen Schalotten anschwitzen.
Mit dem Riesling ablöschen, mit Kalbsfond aufgießen und reduzieren lassen. Dijonsenf einrühren, die Sauce durchseihen und mit kalter Butter montieren.
Die Karotten schälen, halbieren und in 2 cm große Stücke schneiden. In Butter anschwitzen, mit Mineralwasser aufgießen und zugedeckt weich dämpfen. Die Schalotten ebenfalls in etwas Fett langsam zugedeckt weich schmoren.
Den Erdäpfelflan wie beschrieben zubereiten. In kleine Würferl schneiden und in etwas Butter schwenken. Die fertig gegarten Nieren in dickere Scheiben schneiden.
Auf vorgewärmten Tellern anrichten und mit dem Gemüse sowie den gebratenen Erdäpfelflanwürferln umgeben.
Mit Sauce beträufeln. Die Grammeln darüberstreuen.

Kalbsleber
im Netz gebraten mit Pfirsichen

ZUTATEN

800 g Kalbsleber
1 gewässertes Schweinsnetz
4 Pfirsiche
Pfeffer
125 ml Weißwein
1 EL Zucker
Butter

FÜR DIE SAUCE

ca. 80 g Leberreste (Abschnitte)
2 Schalotten
Butter
Thymian
Schuss Rotwein
250 ml Kalbsfond
Eiskalte Butter zum Montieren
Salz, Pfeffer
Für die Reisröllchen
250 g gekochter Basmatireis
1 EL eingeweichte Rosinen
20 g geröstete gehackte Pinienkerne
Salz, Pfeffer
8 Reisteigblätter (gibt es im Asiashop) zum Umhüllen
Eiklar zum Bestreichen
Erdnussöl zum Frittieren

ZUBEREITUNG

Die Leber häuten, putzen und in 4 dicke Tranchen schneiden. Die dabei anfallenden Abschnitte beiseite geben. Mit Pfeffer würzen und jeweils in ein Stück gut gewässertes, trocken getupftes Schweinsnetz einwickeln. In einer Pfanne auf allen Seiten gut anbraten und im Rohr bei 200 °C ca. 5–7 Minuten fertig braten. Vor dem Anrichten 5 Minuten an einer warmen Stelle rasten lassen.
Für die Sauce die Leberreste (Abschnitte) gemeinsam mit Schalotten, Thymian und etwas Butter im Bratrückstand anrösten. Mit etwas Rotwein ablöschen und mit Kalbsfond aufgießen, auf die Hälfte einreduzieren und dann abseihen. Mit Salz sowie Pfeffer würzen und mit eiskalter Butter montieren.
Die Pfirsiche oben ein wenig einschneiden, in heißem Wasser blanchieren, abschrecken und schälen. In gleichmäßige Spalten schneiden. Butter in einer Pfanne aufschäumen lassen und die Pfirsiche darin mit einem Löffel Zucker karamellisieren. Mit einem Schuss Weißwein ablöschen. Mit der Kalbsleber anrichten, mit Sauce beträufeln und die Reisröllchen daneben platzieren.

Für die Reisröllchen den gekochten Reis mit den angegebenen Zutaten vermischen. Reisteigblätter auflegen und die Masse jeweils auf das untere Drittel auftragen. Den Teig mit etwas aufgeschlagenem Eiklar bestreichen, dann links und rechts einen Zentimeter einschlagen und das Röllchen fest einrollen. In heißem Erdnussöl frittieren.

Glaciertes Kalbsbries
mit Wintertrüffeln auf geschmortem Lauch

ZUTATEN

800 g Bries, gut gewässert, enthäutet und geputzt
80 g Butter
250 ml Kalbsfond
8 g Wintertrüffeln, fein gehackt für die Sauce
50 g Wintertrüffeln, in Scheiben geschnitten
300 g Lauch
Noilly Prat
Butter zum Anschwitzen

FÜR DEN LAUCH

Thymian, Salz, Pfeffer

ZUBEREITUNG

Das gut gewässerte und zugeputzte Bries in möglichst gleich große Stücke schneiden. Butter aufschäumen, Thymian zugeben und das Bries darin leicht anbraten. Würzen, mit Kalbsfond untergießen und bei 160 °C im Rohr unter ständigem Übergießen mit den gehackten Trüffeln 10 Minuten glacieren. Zum Schluss die Trüffelscheiben hinzufügen.

Für den geschmorten Lauch die äußeren Blätter abziehen, Lauch der Länge nach aufschneiden, waschen und in feine Streifen schneiden. Lauchgemüse in etwas Butter anschwitzen, salzen, pfeffern und mit einem Schuss Noilly Prat ablöschen. Im Rohr zugedeckt weich dünsten. Lauchgemüse auf den Tellern verteilen, das Bries darauf anrichten und mit der Trüffelsauce übergießen.

TIPP

Dieses Gericht mundet auch hervorragend mit Morcheln oder Steinpilzen, wenn gerade keine Trüffeln zur Verfügung stehen.

Geschmorte *Kutteln* in Spätlese mit Morcheln

Ein Rezept von Christoph Wagner

ZUTATEN

400 g Kalbskutteln,
geputzt und vorgekocht
1 kg Kalbsbrust mit Knochen
500 ml Geflügelfond
200 ml trockener
Gewürztraminer
1 Zwiebel
2 Tomaten
1 Lorbeerblatt
Petersilie
Zitronenzeste
100 ml Spätlese
(oder anderer süßer Wein)
20 g kalte Butter
100 g Morcheln
(oder 20 g getrocknete,
in Suppe geweicht)
Salz, Pfeffer
Oliven- und Pistazienöl

ZUBEREITUNG

Die gekochten, gut gesäuberten Kutteln in dünne Streifen schneiden und über Nacht in Salzwasser einlegen. Dann Zwiebel ebenfalls in feine Streifen schneiden. Tomaten blanchieren (überbrühen), enthäuten, entkernen und in kleine Würfel schneiden. Zwiebeln in wenig Olivenöl anziehen lassen, Tomatenwürfel hinzufügen und mit Gewürztraminer ablöschen. Kutteln, Lorbeerblatt und den Geflügelfond hinzufügen, einmal aufkochen lassen und die Kalbsbrust in den kochenden Sud geben. Mit geschrotetem Salz würzen und alles ca. 2 Stunden kochen lassen, bis die Kalbsbrust gar und weich ist. Kalbsbrust aus dem Topf nehmen und auskühlen lassen. Kutteln weiter kochen, bis auch sie wirklich weich sind.
Das Kalbfleisch von den Knochen ablösen und längs der Faser in Streifen ziehen. Sobald die Kutteln weich sind und der Sud leicht bindet, Kalbfleisch zurück in den Topf geben. Morcheln hinzufügen und 5 Minuten mitziehen lassen. Grob geschnittene Petersilie sowie Zitronenzeste untermengen. Abschließend die süße Spätlese gemeinsam mit der kalten Butter einrühren. Mit Salz und Pfeffer abschmecken und einige Tropfen Pistazienöl darüberträufeln.

Kochen für einen Hardcore-Gourmet

Lisl Wagner-Bacher und ich

Das Landhaus Bacher hat für Genießer etwas Magisches an sich. Das ist keine esoterische Behauptung, sondern die schlichte Feststellung eines Sachverhalts. Schon zu Beginn der 80er Jahre war Lisl Wagner-Bachers Mauterner Landhaus nicht einfach ein Restaurant, das man besuchte, weil man gerade in der Gegend war, sondern ein Sehnsuchtsort, den man unter Inkaufnahme langer Wegstrecken bereiste. Manche – wie etwa Joseph Wechsberg oder Wolfram Siebeck – reisten von weither an, um bei „der Lisl" zu speisen. Der legendäre Salzburger „Häferlgucker" Rudolf Bayr brauchte an Frau Lisls Küche nur zu denken, und schon zog es ihn gen Osten. Mein verstorbener Freund, der legendäre Restaurantkritiker Peter Breitschopf, widmete dem Landhaus einen seiner beiden „Stammtische", zwischen denen er – der andere befand sich im alten Wiener Steirereck – oft wöchentlich hin- und herzupendeln pflegte. Und auch heute treffe ich immer wieder Kollegen und „g'standene" Gourmets, die in unserer immer schnelllebiger werdenden Zeit Sehnsucht nach einem kulinarischen Fixpunkt wie jenem in Mautern verspüren: „Ich war jetzt schon zwei Monate nicht mehr bei der Lisl essen, eine Schande!" Diesen Satz habe ich selbst oft genug gesagt – und noch öfter gehört.

Beste Fleischqualität ist Voraussetzung: ein Almochsengericht im Landhaus Bacher.

Wenn das früher etwas häufiger als heute verwendete Wörtchen „Gourmetpilger" jemals seine Berechtigung hatte, so war eines der wichtigsten Wallfahrtsziele dieser mittlerweile leider seltener gewordenen Spezies von Genussmensch Lisl Wagners Landhaus. Heute hat man es eher mit Mitgliedern einer nicht näher zu definierenden „Gourmetkarawane" zu tun, die stets dort Halt zu machen pflegt, wo der kulinarische Zeitgeist gerade hinweht. Den klassischen Gourmetpilger jedoch macht eine gewisse Treue zu einigen solcher „heiligen Stätten" aus, die man jedoch an den Fingern einer Hand abzählen kann. Und Mautern ist zweifellos eine, wenn nicht sogar die erste davon.

Lisl hat es den Adoranten ihrer Küche auch immer besonders leicht gemacht. Sie verfügt nämlich nicht nur über ein bewundernswertes Geschmacksgedächtnis, sondern über ein mindestens ebenso beachtliches Gedächtnis dafür, was den Afficionados ihrer Küche ganz besonders schmeckt.

Ich kann mich beispielsweise überhaupt nicht mehr daran erinnern, wann ich das letzte Mal bei Lisl dezidiert irgendein bestimmtes Gericht bestellt habe. (Das war früher einmal durchaus sicher der Fall.) In die Speisekarte schaue ich für gewöhnlich erst nach dem Menü, eher einer professionellen Neugierde folgend, die mir sagt, ich müsse ja nun wohl Bescheid wissen über die aktuellen Kreationen des Hauses. Aber wenn Lisl meiner gewahr wird, so weiß sie in Wahrheit ganz von selbst, was sie mir heute kochen will.

Ein Hummer oder eine Languste ist meistens dabei (diese Vorliebe teile ich auch mit ihrem Ehemann), wenn Kalbsbries, Kalbskopf oder Kalbsniere im Haus sind, so kann ich mich darauf verlassen, dass eine dieser Zutaten mit schlafwandlerischer Sicherheit und in einer Komposition, wie ich sie bis dato noch nicht kannte, auf meiner Tafel landen wird. Auch meine Schwäche für

Jakobsmuscheln und andere Meeresfrüchte ist Lisl nicht entgangen. Und natürlich kennt sie mein Faible für alles, was fliegt, gleichgültig, ob es sich nun um eine Taube, ein Rebhuhn, einen Fasan oder auch „nur“ um ein Stubenküken handelt - eine Disziplin, in der Lisl eine ganz besondere Meisterschaft zu entwickeln pflegt. Sie weiß, dass man mich mit Marillen und Topfen eher als mit Schokolade zu betören vermag, und natürlich kennt sie auch meine Leidenschaft für Käse, der so kraftvoll dahinfließt wie die Donau an den Gestaden der Wachau.

Doch Lisl Wagner-Bacher ist nicht nur eine Verwöhn-Köchin, die weltweit ihresgleichen sucht, sie ist auch eine ausgezeichnete Diskussionspartnerin für einen Gast, der wie ich selbst gerne kocht. Niemals geizt sie mit ihrem Wissen, hält nicht mit ihren „geheimen“ Tricks hinterm Berg. Und man kann sich mit ihr stundenlang über die „Ideallinie“ der Zubereitung einer bestimmten Sauce, einer bestimmten Fleischart, eines Gemüses oder eines ausgefallenen Desserts aus einem uralten Kochbuch unterhalten.

Und - was Lisl von vielen, auch großen Kollegen unterscheidet - sie ist bei allem berechtigten Selbstbewusstsein immer neugierig geblieben. Sie hört sich, auch wenn sie es selbst viel besser kann, geduldig an, wie ich bestimmte Gerichte zubereite, und sie ist auch in der Lage, einen kulinarischen Faden aufzunehmen und weiterzuknüpfen.

Als wir beide dieses Buch planten, schlug Lisl vor, auch ich solle doch ein paar meiner persönlichen Lieblingsrezepte einbringen, und sie würde sie für mich zubereiten. Ganz nach meinen Rezepten, nur vielleicht in der Form da oder dort ein wenig verändert.

Ich schickte ihr also eine Liste unterschiedlichster Lieblingsspeisen, wie beispielsweise meinen oberösterreichischen Leberbunkel, den von mir „erfundenen“ Coq au Most, meine geschmorten Kutteln, meine Fischbeuschelsuppe, meine Überbackenen Saumaisenfleckerl, meine Rillette vom Ochsenschwanz, meine Pissaladière und einiges mehr, von dem ich niemals erwartet hätte, es im Mauterner Landhaus serviert zu bekommen. Und siehe da - wie durch Zauberhand verwandelten sich meine Einbauküchenrezepte aus dem Familienalltag in hochprofessionelle Kreationen, wie ich sie mir selbst niemals zugetraut hätte.

„Nun, war's recht schwierig, nach meinen laienhaften Rezepturen zu kochen?“, fragte ich Lisl am Schluss dieses kulinarischen „Privatkolloquiums“, fast ein wenig schuldbewusst, weil ich ihr das alles angetan hatte.

„Nein, gar nicht“, antwortete sie freundlich. „Manches habe ich allerdings ein bisschen leichter gemacht und manches auch kleiner.“

Gottlob, muss ich hinzufügen. Denn es sollen ja andere außer mir auch noch genießen können.

Gemeinsam mit Schwiegersohn Thomas Dorfer erkundet die Hausherrin neue Rezepte und Variationen. Sie ist über all die Jahre neugierig geblieben, das unterscheidet sie von manchen Kollegen.

Fischbeuschelsuppe

ZUTATEN

Kopf und Karkassen (Fischabschnitte) vom Karpfen
Pfefferkörner
Lorbeerblatt
1 Zwiebel
1 l Wasser
Salz, Paprikapulver
1 Schuss Essig
2 EL Butterschmalz
100 g geriebenes Wurzelwerk von Karotten, Sellerie und gelben Rüben
2–3 EL Würferl von geschälten Tomaten
1 EL Mehl
100 ml Rotwein
Karpfenrogen
Thymian, Pfeffer aus der Mühle
geröstete Weißbrotwürfel
gehackte Petersilie

ZUBEREITUNG

Den Karpfenkopf in grobe Stücke zerhacken und gemeinsam mit den Karkassen, Pfefferkörnern, dem Lorbeerblatt und der Zwiebel in kaltem, mit Salz und Essig aromatisierten Wasser aufstellen. Alles eine knappe halbe Stunde vor sich hin köcheln lassen. Dann das Wasser abseihen, aber aufbewahren, das Fischfleisch vom Kopf auslösen und ebenfalls beiseite stellen.

Nun das Butterschmalz erhitzen und darin die geraspelten Wurzeln kurz anrösten. Etwas Paprikapulver sowie Mehl einrühren und die gewürfelten Tomaten zugeben. Langsam mit dem bereitgehaltenen Fischsud und dem Rotwein aufgießen. Die Suppe noch einige Zeit gut durchkochen lassen. Dann den Rogen zügig einrühren, nochmals aufkochen lassen und das klein geschnittene Kopffleisch hinzufügen. Nach Belieben mit Thymian und Pfeffer nachwürzen. Die fertige Suppe in vorgewärmten Suppenschalen anrichten, mit frisch gerösteten Weißbrotcroûtons und gehackter Petersilie garniert servieren.

Leberbunkel

Ein Rezept von Christoph Wagners Mutter Augustine

ZUTATEN

550 g Kalbs- oder Schweinsleber
150 g Schweins- oder Kalbsschulter
150 g Kalbs- oder Schweinsherz
1 mittlere Zwiebel
4 altbackene Schneidsemmeln
125 ml Milch
3 kleine Erdäpfel
3 EL Weizenmehl
2 Eier
Salz, Pfeffer, Majoran
1 El fein gehackte Petersilie
1 Schweinsnetz
6 Scheiben Frühstücksspeck

ZUBEREITUNG

Das Fleisch sowie die Innereien in grobe Würfel schneiden und durch den Fleischwolf drehen. Schneidsemmeln ebenfalls würfelig schneiden, mit der Milch ziehen lassen, gut ausdrücken und dann gemeinsam mit der gewürfelten Zwiebel durch den Fleischwolf drehen oder cuttern. Unter die Fleischmasse mengen. Rohe, geschälte Erdäpfel reiben. Mit Mehl, Eiern, Salz, Pfeffer, Majoran und Petersilie unter den Fleischteig mischen. Eine Auflaufform mit dem Schweinsnetz auslegen, die Lebermasse einfüllen, mit Speckscheiben abschließen und das Netz übereinanderschlagen. Im auf 180 °C vorgeheizten Rohr 1 Stunde lang backen.

Pissaladière

ZUTATEN FÜR
6–8 PORTIONEN

FÜR DEN TEIG

330 g Mehl
200–250 ml lauwarmes Wasser
1 Päckchen Trockengerm
Messerspitze Zucker
Prise Salz
2 EL Olivenöl
Öl für das Backblech

FÜR DEN BELAG

500–600 g Zwiebeln
3–4 Knoblauchzehen
100–150 g schwarze Oliven
8–10 eingelegte Sardellenfilets
2–3 EL Olivenöl
Thymianblätter

ZUBEREITUNG

In einer Schüssel lauwarmes Wasser mit Germ, etwa der Hälfte des Mehls und einer Prise Zucker vermengen. Zugedeckt an einem warmen Ort 10–15 Minuten gehen lassen. Dann eine Prise Salz, restliches Mehl sowie Olivenöl einarbeiten und den Teig zu einer geschmeidigen Kugel kneten. Mit einem Küchentuch abdecken und nochmals um das Doppelte des Volumens (etwa 1 Stunde) aufgehen lassen.
Danach abermals zusammenschlagen und nochmals gut kneten. Ein Backblech mit Öl ausstreichen, den Teig auf diese Größe ausrollen und auflegen. An den Rändern den Teig etwas hochziehen. Den Teigboden mit einer Gabel mehrmals einstechen und nochmals gehen lassen.
Inzwischen für den Belag die Zwiebeln in feine Streifen schneiden. Den Knoblauch in feine Scheibchen schneiden. Oliven halbieren, Kern herauslösen. Sardellenfilets abtropfen lassen und nach Bedarf Gräten auslösen. Nun in einer Pfanne das Olivenöl erhitzen und die Zwiebeln bei nicht zu großer Hitze langsam glasig anschwitzen, Knoblauch zugeben. Gezupfte Thymianblätter beimengen und noch kurz mitrösten lassen, vom Feuer nehmen. Die Zwiebelmasse gleichmäßig auf den Teig auftragen, mit Oliven sowie Sardellenstreifen belegen und alles nochmals 10–15 Minuten rasten lassen. Im sehr heißen Backrohr bei 200 °C etwa 20 Minuten knusprig backen. In Portionsstücke schneiden und auftragen.

TIPP

In Abweichung von diesem Originalrezept kann die Zwiebelpizza natürlich auch mit gehackten Tomaten und/oder Räucherspeck belegt werden.

Coq au Most

ZUTATEN

1 Hendl von ca. 1,3 kg
2 EL Butter- oder Gänseschmalz
kräftiger Schuss Birnenmost
4 mittlere Erdäpfel, in Scheiben geschnitten
8 Schalotten
200 g Champignons oder Wildpilze
2 EL Butter
60 g fein gehackter Speck
250 ml gemischter oder Birnenmost für die Sauce
1 KL Maismehl
125 ml Schlagobers
1 Msp getrockneter Majoran
Salz, Pfeffer
2 EL fein gehackte Petersilie

ZUBEREITUNG

Das Hendl mit einer Geflügelschere oder einem scharfen Messer in kleinere Teile tranchieren. Salzen, pfeffern und mit Majoran einreiben. Das Schmalz in einer Pfanne erhitzen und die Hendlteile rundum knusprig und goldbraun anbraten. Mit einem Schuss Most ablöschen, die in Scheiben geschnittenen Erdäpfel dazugeben, den Deckel aufsetzen und alles ca. 40 Minuten lang auf sehr kleiner Flamme dünsten lassen. Währenddessen bei Bedarf noch etwas Most oder Wasser untergießen.
In der Zwischenzeit die Schalotten schälen und nach Belieben halbieren. Die Champignons bzw. Wildpilze putzen sowie, je nach Größe, halbieren oder vierteln. Butter erhitzen, den feinwürfelig geschnittenen Speck anrösten und Pilze sowie Schalotten darin ca. 6 Minuten auf kleiner Flamme andünsten. Mit Most ablöschen, aufkochen lassen und das zuvor mit Maismehl vermischte Schlagobers einrühren. Die Sauce einkochen lassen, bis sie schön sämig ist. Mit Salz und Pfeffer abschmecken.
Die Hendlteile mitsamt den Erdäpfelscheiben aus der Kasserolle heben und auf einer vorgewärmten Platte anrichten. Schalotten und Champignons gleichmäßig darüber verteilen und alles mit der Mostsauce übergießen. Mit gehackter Petersilie bestreut auftragen.

BEILAGENEMPFEHLUNG: frisches Weißbrot oder knusprige Salzstangerl.

Ossobuco in Frizzante

ZUTATEN

1 Hinterhaxe vom Kalb, vom Metzger in 2,5 cm starke Scheiben geschnitten
2 EL Butter
4 EL Olivenöl
150 g Mehl
Salz und Pfeffer aus der Mühle
250 ml Frizzante
klein gehackte Schale von 2 kleinen Zitronen
200 g klein gehackte gemischte Kräuter (Zitronenmelisse, Petersilie, Kerbel, Fenchelkraut, Majoran, Estragon, Gurkenkraut, Rucola, Koriandergrün u. Ä.)
1 Spritzer Zitronensaft
Wasser oder Rindsuppe zum Aufgießen
Risi e bisi als Beilage nach Belieben

ZUBEREITUNG

In einer ausreichend großen, schweren Kasserolle das Olivenöl gemeinsam mit der Butter erhitzen und warten, bis die Butter zu schäumen aufhört. In der Zwischenzeit die Ossobuco-Scheiben waschen, von allfälligen Knochensplittern befreien, trockentupfen und würzen. Nach Belieben mit Küchengarn zu runden Scheiben dressieren und danach in etwas Mehl wälzen. Überschüssiges Mehl abklopfen und die Fleischscheiben im heißen Fett beidseitig knusprig anbraten. Mit Frizzante ablöschen und das Fleisch bei mittlerer Hitze etwa 2 1/2 Stunden bei aufgelegtem, aber leicht gelüpftem Deckel schmoren. Das Fleisch dabei regelmäßig mit dem Schmorsaft übergießen und, sobald es sich am Pfannenboden anzulegen beginnt, mit wenig Wasser oder Rindsuppe untergießen. Der Saft muss im Lauf der Garzeit zunehmend sämiger und konsistenter werden. Das Fleisch wird unterdessen so weich, dass man es mit einem Löffel zerteilen kann.
Nun die Fleischscheiben herausheben und auf eine heiße Platte legen. In die zurückbleibende Flüssigkeit die klein gehackten Kräuter, Zitronensaft und -schale einrühren und alles gut durchziehen lassen. Die Sauce bei Bedarf noch etwas einreduzieren. Dann über die Fleischstücke gießen und am besten mit Risi e bisi servieren.

Wildschwein
mit Oliven und Walnüssen

ZUTATEN FÜR 6 PORTIONEN

1,5 kg Wildschweinfleisch aus Schulter oder Keule
200 g Räucherspeck
8 Schalotten
4 kleine Karotten
1 Kräutersträußchen (im Gazesäckchen)
1 Lorbeerblatt
2 Gewürznelken
Muskatnuss
4 zerdrückte Wacholderbeeren, Rosmarin
einige Pfefferkörner
750 ml würziger Rotwein (Syrah, Blaufränkisch)
100 ml Rotweinessig
3 Knoblauchzehen
Schale von einer Orange (unbehandelt)
300 ml Wildfond oder Rindsuppe
3 EL Olivenöl
200 g schwarze Oliven
100 g geschälte Walnüsse
Salz, Pfeffer

ZUBEREITUNG

Das Wildschweinfleisch grobwürfelig schneiden. Vier Schalotten halbieren, die Karotten in feine Scheiben schneiden. Die Fleischwürfel gleichmäßig in einem geeigneten Gefäß verteilen und mit Wein sowie Essig aufgießen. Schalotten, Karotten, Kräutersträußchen und die Gewürze hinzufügen, das Gefäß abdecken und über Nacht im Kühlschrank ziehen lassen.
Tags darauf die Fleischwürfel einzeln aus der Marinade heben, auf Küchenkrepp gut abtropfen lassen und zum Schluss noch einmal einzeln trocken tupfen.
Nun den Speck und die restlichen Schalotten in kleine Würfel schneiden. Den Speck in einem Schmortopf in heißem Öl leicht anbraten. Fleischstücke mit den Schalotten zugeben und alles scharf anbraten. Die Marinade mitsamt allen Zutaten dazugießen. Zerdrückten Knoblauch sowie klein geschnittene Orangenschale zugeben und bei Bedarf so viel Wildfond oder Suppe nachgießen, dass das Fleisch gerade bedeckt ist. Alles aufkochen, Deckel aufsetzen und im auf 150 °C vorgeheizten Herd 4–5 Stunden schmoren. Kurz vor Ende der Garzeit die entkernten und halbierten Oliven sowie die geschälten Walnüsse hinzufügen und noch kurz mitschmoren. Das Fleisch sollte nun so weich sein, dass man es mit dem Löffel zerteilen kann. Bei Bedarf noch mit Salz und Pfeffer abschmecken.
BEILAGENEMPFEHLUNG: frische Teigwaren, Polenta oder Stangenweißbrot.

TIPP

Wenn Sie den Saft lieber etwas molliger bevorzugen, so verkneten Sie am besten ein nussgroßes Stück Butter mit Mehl und lösen es vor dem Servieren im Saft auf.

Rillette
vom Ochsenschwanz

ZUTATEN FÜR
10–12 PORTIONEN

1,2 kg Ochsenschwanz,
in Stücke gehackt
800 g möglichst ungesalzener,
fetter Räucherspeck
330 ml Portwein oder Madeira
500 ml kräftige Rindsuppe
eine Prise Thymian oder
Fines Herbes
2 Knoblauchzehen
1 EL Tomatenpüree

ZUBEREITUNG

Die Speckschwarte abziehen, den Speck feinwürfelig schneiden und bei geringer Hitze so lange auslassen, bis sich der Speck verflüssigt hat. Nun die Ochsenschwanzstücke zugeben und mit Portwein, Rindsuppe, Thymian, Knoblauchzehen und Tomatenpüree zugedeckt im vorgeheizten Backrohr bei 160 °C etwa 4 Stunden lang schmoren, bis sich das Fleisch mühelos und lediglich durch Fingerdruck von den Knochen entfernen lässt.
Die Knochen entsorgen und das Fleisch mit einem sehr scharfen Messer oder im Cutter so zerkleinern, dass die einzelnen Fleischfasern noch deutlich spürbar sind und kein Brei entsteht. Wieder unter den Bratrückstand mengen, verrühren und erneut aufkochen lassen. Mit Salz, Pfeffer und Kräutern abschmecken.
Leicht abkühlen lassen und noch warm in Gläser abfüllen.
BEILAGENEMPFEHLUNG: Vollkornbaguette und Vollkorntoast.

Ovos moles
(Portugiesische Eier)

ZUTATEN

250 g Kristallzucker
125 ml Wasser
14 Eidotter
2 EL gesiebtes glattes Mehl

ZUBEREITUNG

Kristallzucker mit Wasser aufkochen (spinnen), bis die Flüssigkeit von einem eingetauchten und wieder hoch gehobenen Kochlöffel in einem feinen Faden herunter läuft und einen Tropfen bildet. Den aufgekochten Zucker vom Herd nehmen und abkühlen lassen.
Eidotter schaumig schlagen und nach und nach in das lauwarme Zuckerwasser einschlagen. Das Mehl vorsichtig hinzufügen. Alles unter ständigem Rühren auf mittlerer Flamme erneut erwärmen, bis sich die Masse vom Topfrand löst, aber keinesfalls zum Kochen bringen! Auskühlen lassen und in kleine Schälchen füllen oder als Füllmasse von Mürbteigschiffchen, Teigröllchen u. Ä. verwenden.

Wachauer Brot-Pudding

ZUTATEN

250 ml Milch
250 g Crème fraîche
1 Vanilleschote
3 Eier
5 EL Kristallzucker
1 weißes Stangenbrot
weiche Butter zum Bestreichen
20 g Rosinen, getränkt in 2 cl Marillenschnaps
getränkte Rosinen
Butterflocken
2 EL Marillenmarmelade
Staubzucker
1 Messerspitze Salz

ZUBEREITUNG

Milch mit Crème fraîche sowie einer Prise Salz in einer Kasserolle verrühren, die Vanilleschote hineinlegen und alles langsam und unter ständigem Rühren zum Kochen bringen. Abseihen und kurz überkühlen lassen.
Mittlerweile Eier und Zucker in einem geeigneten Gefäß mit dem Schneebesen oder dem Mixstab sämig schlagen. Dann die Vanillemilch langsam und unter ständigem Rühren zugießen. Die Masse nach Belieben durch ein feines Haarsieb passieren und beiseite stellen.
Das Stangenbrot in etwa 1 cm dicke Scheiben schneiden und mit etwas weicher Butter bestreichen. Eine hochwandige, feuerfeste Form gut mit Butter ausstreichen und etwa die Hälfte der Schnapsrosinen einstreuen.
Dann die Form am Boden und an den Seitenwänden mit Brotscheiben auslegen, die restlichen Rosinen daraufstreuen und den verbleibenden Schnaps in die Milch-Eier-Mischung einrühren. Über die Brotscheiben gießen. Mit einigen Butterflocken belegen.
Inzwischen im auf 180 °C vorgeheizten Backrohr etwa 2 l Wasser für das Wasserbad erhitzen und die Form dann hineinstellen. (Die Form sollte bis etwa 1 cm unter dem oberen Rand im Wasser stehen.) Nach etwa 45 Minuten den Pudding aus dem Rohr nehmen und mit Marillenmarmelade bestreichen. Mit Staubzucker bestreuen und heiß servieren.

TIPP

Der Brot-Pudding kann vor dem Backen auch mit kandierten Früchten, wie Marillen- oder Orangenscheiben, belegt werden.

Weine, Weinfreunde und Winzerinnen

Eine kleine
Wachauer Wein-Lese

Sobald der Altweibersommer seine ersten glänzenden Gespinste über die Landschaft webt, schlägt in der Wachau die Stunde des Refraktometers. Jeder Winzer trägt dieses etwas zu kurz geratene Fernrohr bei sich und nützt jede Gelegenheit, um damit in die Zukunft zu schauen. Gemeint ist selbstverständlich die Zukunft des Weines, die sich mit diesem Messinstrument, wenn man die Traube gegen das Licht betrachtet, in Zuckergraden und Mostgewicht ziemlich genau voraussagen lässt.

Oben und S. 173: *Feines Pfirsich-Maracuja-Aroma, tiefer mineralischer Nachhall, dazu noch sanfte Traminerklänge, das macht den Riesling der Riede Klaus aus.*

Seite 172: *Am Loibener Berg lässt es sich nicht nur gut trinken, sondern auch gemächlich spazierengehen. Das besondere Wachauer Klima lässt einem die Abreise schwer fallen.*

Man tut freilich gut daran, den Blick nicht nur auf die Traube zu richten, sondern ihn auch noch etwas höher als bis an die höchstgelegenen Riedentrassen des mineralischem Urgesteins schweifen zu lassen. Was die Wachauer Sonderstellung unter Österreichs und auch Europas Weinen ausmacht, spielt sich nämlich gewissermaßen über den Köpfen ab: nämlich dort, wo warme, pannonische Luftmassen als Kinder des im Osten residierenden Weingotts Pan mit der „Wilden Jagd“ aus dem Norden und der vom allgegenwärtigen Donaustrom gerade zur herbstlichen Jahreszeit aufsteigenden Feuchtigkeit oft äußerst dekorativ in den meteorologischen Clinch gehen.

Es ist schon ein seltsames Gemetzel der Himmelsströmungen, das seine Auswirkungen, je nachdem, wer gerade die Oberhand behält, bis in die kleinste Donaubucht, bis in jede Weingartenkrümmung und jeden Hohlweg hinein spürbar macht. Was die Önologen schlicht als Mikroklima bezeichnen, ist in Wahrheit dafür verantwortlich, dass Weine, die im selben Jahrgang von der nämlichen Rebe mit gleicher Zuckergradation und womöglich sogar am selben Tag gelesen wurden, später völlig unterschiedlich schmecken und deutlich erkennen lassen, ob sie in Spitz, an den Uferhängen der Loibner Bucht oder in Furth am Fuße des Göttweiger Felsens herangereift sind.

Kaum zu glauben, dass man „Wachauer“ noch vor hundert Jahren im ganzen deutschen Sprachgebiet auf sauer reimte. Waren es doch fast ausschließlich jene knochentrockenen und, wie man sich auszudrücken pflegte, krampensauren Heunisch-Reben, die auf den Terrassen östlich des Jauerlings hochkletterten. Weine mit stählernem Rückgrat, geeignet allenfalls für eiserne Lebern und gegerbte Magenwände. Und dazu, die chronisch flachen Ungarnweine mit jenem Element zu versorgen, das ihnen, um Charme zu entwickeln, am meisten fehlte: mit Säure.

Das ist lange her. Damals gab es weder einen Grünen Veltliner noch einen Weissburgunder in der Wachau. Ja selbst der Riesling, diese tatsächliche oder wohl eher nur angebliche Urrebe der Wachau, wurde ebenso wie der Neuburger, dem die Arnsdorfer mittlerweile sogar ein eigenes Denkmal gesetzt haben, nur in homöopathischen Mengen angebaut.

Mittlerweile hat sich das geändert. Da sitzt man nun irgendwo in einer Buschenschank am „anderen Ufer", das zwar die weniger opulenten Weine, aber dafür die bessere Aussicht hat, und blickt auf die Kirchtürme von Weißenkirchen und St. Michael, die ebenso respektablen wie malerischen Ruinen der einstigen Festungen Dürnstein und Hinterhaus, auf das aus dem Rebenmeer wie ein Leuchtturm emporkletternde Franzosendenkmal von Loiben oder auf die Luxuskulisse des um diese Zeit schon umbra, ocker und karminrot schraffierten Spitzer Tausendeimerbergs. Und plötzlich weiß man auch zu schätzen, dass man in einer Zeit lebt, in der hier Weine gedeihen, die dieser Landschaft wahrlich würdig sind: Steinfederweine von zarter Säure und leichtem Charme, geschmeidige Federspielweine, die Gaumen und Nase bezaubern und vor allem die in jeder Hinsicht geschliffenen Smaragdweine, die in den Charts der internationalen Profikoster allenthalben in die Pole-Position aufgerückt sind.

Die önologische Dreifaltigkeit „Steinfeder-Federspiel-Smaragd" wurde übrigens in den 80er Jahren im geistig-kulturellen Zentrum des Wachauer Weinbaus ausgeheckt – nämlich im von Jakob Prandtauer für den legendären Dürnsteiner Weinpropst Hieronymus Übelbacher errichteten „Kellerschlössel", das heute der „Domäne Wachau" (ehemals:„Freie Weingärtner") gehört und den Eingang zum „Bauch der Wachau" birgt – jenem verwinkelten Kellerlabyrinth, das mit seinen vielen kunstvoll geschnitzten Holzfässern und den zahlreichen Kellerwinkeln insgesamt 110.000 Hektolitern Wein Platz bietet. Eine stolze Zahl, die immerhin drei durchschnittlichen Wachauer Ernten entspricht. Hier wird lagenspezifisch geerntetes und verarbeitetes Rebgut von rund achthundert Wachauer Weinbauern gelagert und weltweit vermarktet. Der Propst Hieronymus blickt indessen zufrieden vom als Sonnenuhr gestalteten Giebelfresko des Schlössels in fröhlicher Tarockrunde über „seine Weingärten". Und Übelbachers in der Wachau bis heute gültiges, in den *Satyren* des Weinpropstes niedergelegtes Credo wird ebenfalls in den sehenswerten Sammlungen dieses Wachauer Kleinods aufbewahrt. Dort findet man unter anderem den bemerkenswerten Satz: „Man schreibe dieses noch auf meinen leichenstein/wein, wein, wein, wein, wein, wein, wein, wein, wein, wein."

Nein, es ist schon kein Zufall, sondern das Ergebnis Jahrhunderte währender Weintradition und Aufbauarbeit, dass Weine aus der Wachau heute immer wieder mit dem begehrten Vokabel „weltbest" versehen werden.

Ein weiterer Grund dafür sind selbstverständlich die steilen, zum Teil noch in die Römerzeit zurückreichenden, großteils aber im Mittelalter angelegten Weinterrassen selbst. Denn überraschend wenig Wein wächst hier in flachen Tallagen, überraschend viel indessen auf steiler Bergeshöh' mit ebensolcher Sonneneinstrahlung. Wohl dem Weingartenwanderer, der an diesen späten Herbsttagen mit gutem Schuhwerk unterwegs ist, und wohl dem, der dabei, wie ich, von Lisl Wagner begleitet wird.

Was die Wachau betrifft, so ist Lisl Wagner nämlich eine lebende Landkarte, die viermal pro Woche – wenn sie der Donau entlang jeweils eine frühmor-

Atmosphärischer Treffpunkt für Lisl Wagner-Bacher und ihre Freundinnen: der romantische Bründlmayerkeller in Langenlois.

gendliche Stunde ihr Walking-Programm abspult – das nötige Updating erfährt. Lisl kennt jeden Quadratmeter Wachau, die sie sich, Riede um Riede, Terrasse um Terrasse, Aussichtspunkt um Aussichtspunkt, mit Freundinnen und Gästen immer wieder neu erwandert.

„Ich bin mitten in den Weinbergen aufgewachsen und mit dem Wein aufgezogen worden", erzählt Lisl Wagner-Bacher. Das Wissen um die edlen Tropfen nicht nur aus der Wachau kommt ihr heute zugute. Mit ihrem Mann Klaus Wagner (Bild unten), einem Weinkenner par excellence, kann sie sich stundenlang über die neuen Jahrgänge austauschen.

„Ich bin mitten in den Weinbergen aufgewachsen und mit dem Wein aufgezogen worden. Seit ich mich erinnern kann, habe ich immer gewusst, wie Wein schmeckt. Zuerst durfte ich meinen Finger hineinstecken, ab zwölf Jahren gab's dann auch schon das eine oder andere Schluckerl. Ich war ja, wie gesagt, ein Vatermädel."

Und Vater Bacher, der seine Tochter zu einer perfekten Gastronomin erzog, wollte stets, dass seine Lisl alles kostete, was ein Wirt kennen musste, „und zwar vom Riesling bis zur Schildkrötensuppe."

Ähnlich wie heute Lisls Mann Klaus war Hans Bacher schon in den 50er Jahren ein weithin anerkannter Weinkoster, der nach dem Verlust seines Augenlichts immer wieder durch seinen „unbestechlichen Gaumen" auffiel und gemeinsam mit seinem Schulfreund Franz Bründlmayer und dem Nachbarn Saahs bei jeder maßgeblichen Verkostung zwischen Krems und Spitz ein gewichtiges Wörtchen mitzureden hatte.

Allein: Der Wachauer Wein war damals ein anderer als heute. Frischer, spritziger, weniger tiefgründig und mehr zum Trinken als zum Beißen gemacht.

„Ich bin ein Kind dieses leichten Wachauers", bekennt Lisl Wagner noch heute. Sie ist nicht nur überzeugte Weißweintrinkerin, sondern ihre persönliche „Weinskala" reicht von der Steinfeder bis zum Federspiel. Die Smaragdgrenze wird nur selten, wenngleich durchaus mit Genuss überschritten.

„Als Klaus und ich damals das Landhaus von den Eltern übernahmen", sagt Lisl nachdenklich, „da haben wir beide uns die Welt geteilt, gewissermaßen. Man kann nicht gleichzeitig eine perfekte Köchin und eine perfekte Weinkennerin sein wollen, das ließe die einem Menschen zur Verfügung stehende Zeit nicht zu. Es war also von Anfang an klar: Ich gehe in die Küche, und Klaus wird der Weinkenner."

Und spätestens jetzt ist wohl der Zeitpunkt gekommen, an dem die Geschichte erzählt werden muss, wie die Lisl zu ihrem Klaus kam. Oder umgekehrt.

Der viel zitierte Groschen fiel 1973 beim damals alle zwei Jahre stattfindenden Volksfest mit Wirtschaftsausstellung im Kremser Stadtpark, bei dem sich der fertige und gerade von seiner alten Freundin getrennte „Hochbauingenieur und Biertrinker" Klaus Wagner „nach einem neuen Mädel umsah". Klaus lernte Lisl durch seine Schwester Susi in der „Katerbar" kennen, es wurde ein Rendezvous vereinbart, man fuhr in die Disco – und 1976 gab es eine Hochzeit.

„Ich hab damals meinen Job an den Nagel gehängt", erinnert sich Klaus Wagner, „und nach einem zweitägigen Wifi-Kurs in St. Pölten als Schankbursch und Mädchen für alles angefangen." Zunächst durfte er nur „Glasl polieren", wurde aber dann vom Schwiegervater so nach und nach in die Kunst des Weinkostens eingeführt. Klaus freundete sich damals auch mit Gerald Malat an, und während Lisl „kochte und kochte und kochte", haben die beiden „gemeinsam mit dem Schwiegervater und dem alten Herrn Bründlmayer verkostet und verkostet und verkostet."

Helmut A. Gansterer hat diesen Aufstieg Klaus Wagners vom Bierfreund zur Weinsupernase und zum langjährigen Sommelierpräsidenten in seiner unnachahmlich prägnanten Art im *Trend* folgendermaßen auf den Punkt gebracht: „Korken um Korken schraubte sich sein Weinwissen höher."

An prominenten Paten, dieses Wissen immer noch weiter zu vertiefen, sollte es bald nicht mehr fehlen. Vor allem Helmut Romé, der in diesen Tagen sein Grundlagenwerk über den österreichischen Weinbau verfasste und gemeinsam mit Hardy Rodenstock und Adi Werner dazumal bereits zu der Crème der internationalen „Weinweisen" zählte, verdankte Klaus Wagner nicht nur die Aufnahme in diesen erlauchten Kreis, sondern auch seine innige Liebe zu Bordeaux.

Mitte der 80er Jahre wurde dann in Mautern vor sechzig Kennern aus aller Welt feierlich eine Imperialflasche 1893er Château Pichon Comtesse de Lalande dekantiert – und seither zählt das Landhaus in Mautern auch zu den wenigen Gralstempeln der internationalen Rotwein-Hochkultur.

Und Lisl Bacher kochte dazu, dass es nur so eine Freude war. „Obwohl ich eine Weißweintrinkerin geblieben bin, habe ich alle großen Rotweine gekostet, um die Gerichte darauf abzustimmen", sagt sie und fügt nicht ohne Stolz hinzu: „Ich wusste immer fast intuitiv, welcher Wein der beste der Verkostung sein würde. Doch leider hab ich mir's nie gemerkt."

So ist Lisl, wie sie nicht ganz ohne Koketterie bemerkt, bis heute „eine recht einfache Weintrinkerin" geblieben, die neben Weißweinen ohne Holzausbau auch gerne italienische Rotweine trinkt und, wie sie selbstironisch hinzufügt, ein „reiner Abendalkoholiker" ist. „Das erste Glas Wein gibt's frühestens um 22 Uhr", lautet die Regel, die im Urlaub allerdings gerne durchbrochen wird, in dem „ein genussvolles Essen ohne einen Schluck Wein schlicht und einfach undenkbar" ist. Wein – so lautet Lisls kulinarisches Credo, „wertet ganz einfach jedes Essen auf. Und wenn er dermaßen genossen wird, so schadet er auch nicht. Was schadet, ist nur das sinnlose Dahintrinken."

In dieser Philosophie weiß Lisl Wagner-Bacher sich auch von ihrem Ayurveda-Arzt, den sie gerne aufsucht, bestätigt: „Trinken mit Genuss schadet nicht. Und obwohl mein Mann sicherlich nicht wenig trinkt, so habe ich ihn doch noch nicht ein einziges Mal dabei beobachtet, dass er ein Achterl beiläufig oder im Stehen hinuntergeschüttet hätte. So gesehen, bin ich, was seinen Weinkonsum betrifft, immer noch relativ beruhigt."

Und vor diesem Hintergrund trifft es sich auch gut, dass die meisten von Lisls zahlreichen Freundinnen auch Wein-Freundinnen, ja nicht selten auch Winzersgattinnen oder selbst Winzerinnen sind.

Oben: *Der Weinsaal im Nikolaihof führt zurück in die Geschichte des Weins in der Wachau.*
Unten: *Christine Saahs und ihr Sohn Nikolaus – zwei Generationen am Nikolaihof in Mautern.*

Oben von links nach rechts:
Zum Gustieren und Probieren muss immer Zeit sein, vor allem am Nikolaihof: Klaus Wagner mit Schwiegersohn Mandi (rechts), Christine Saahs mit Sohn Nikolaus.

Auch bei den Malats trifft man sich gern zu einem Plausch: Wilma Malat, Christoph Wagner, Rudolfine Pichler und Lisl Wagner-Bacher.

Wilma Malat kredenzt einen erfrischenden Weißen.

Edwige Bründlmayer richtet die Vorspeise an.

Edwige und Willi Bründlmayer im Weinkeller

Lisl Wagner-Bacher und Edeltraud Jamek, der Doyenne unter den Wachauer Köchinnen

Eine von ihnen ist Nachbarin Christine Saahs, als Kellermeisterin gemeinsam mit ihrem Gatten Nikolaus eine leidenschaftliche Kämpferin für den ökodynamischen Weinbau, aber gleichzeitig als Heurigenwirtin, Managerin, Fremdenführerin, Lehrbeauftragte und Köchin der Prototyp einer modernen „Powerfrau". Gerne trifft sie sich mit Lisl im ältesten Keller der Wachau, wo die beiden, umringt vom Mauerwerk des alten Römerkastells aus dem Jahr 63 n. Chr., gemeinsam Bioweine verkosten, an Wachauer Schinken, gerösteten Speckzwetschken oder selbst eingelegten schwarzen Nüssen naschen und alles besprechen, was in der Wachau so anliegt.

Ein beliebter Treffpunkt ist auch der Weinkeller der Malats am Fuße des Göttweiger Bergs. Hier, wo die alten Römer schon vor 2000 Jahren ihren Rebensaft aus Amphoren schlürften (Reste davon zieren neben viel moderner Kunst noch heute das Malat'sche Anwesen) stellt Wilma Malat für Freunde des Hauses auch immer wieder unter Beweis, dass auch sie ein Restaurant führen könnte, wenn sie es nur wollte. Die Basis dafür liefert Gerald Malat, der nicht nur Zander und Sterlets in der Theiss fischt, sondern auch ein begnadeter Jäger vor dem Herrn ist, dessen Beute nicht selten auch in Lisl Wagners Landhaus auf den Tisch kommt. Egal, ob Hirsch, Fasane oder Rebhühner, bei Wilma Malat geht es häufig „wild" zu. Des Öfteren stößt auch Rudolfine Pichler zum „Damenstammtisch", die unter Kennern der kulinarischen Landschaft Wachau ebenfalls als begnadete Köchin gilt, deren Ochsenschlepp ebenso legendär ist wie ihre Geflügelspezialitäten, die allerdings in ihrer eigenen Familie auf wenig Anklang stoßen: „Die mögen alle keine Hendln", lacht sie.

Ein nicht minder atmosphärischer Treffpunkt von Lisl Wagner und ihren Freundinnen ist der romantische Bründlmayer'sche Keller in der Langenloiser Kellergasse, wo Edwige Bründlmayer, die Französin unter den Wachauer Winzersfrauen, gerne zu Tisch bittet. „Ich habe beim Kochen ein Prinzip: Ich koche nur, was es gerade gibt. Und was es fast immer gibt, ist sehr zu Lisl Wagners Freude, „Gemüse aus unserem Garten." Frau Edwige denkt kurz nach und fügt hinzu: „Eigentlich sind es ja zwei konkurrenzierende Gemüsegärten." Nämlich der von Oma Bründlmayer, der „mit der Schnur gezogen wird." Und der von Edwige selbst, und der ist „eher wild, aber dafür mit exotischen Blumen durchwachsen."

Doch es muss, während über die kleine Welt der Wachau und die große rundherum, über Kinder und Schwiegersöhne, Weinfestivals, klassische Musik, Theater und Literatur parliert wird, keineswegs immer nur Gemüse sein. Eines von Edwiges Lieblingsgerichten ist auch ein echtes Wiener Schnitzel aus dem Butterschmalzpfandl oder – très français – ein vorzügliches Boeuf bourgignonne.
Eine Wachaurundfahrt zu Lisl Wagners Freundinnen darf freilich nicht ohne einen Besuch bei Edeltraud Jamek, der Doyenne unter den Wachauer Köchinnen, in Joching zu Ende gehen. Sie ist zwar nicht mehr, wie es so schön heißt, „operativ tätig", aber hin und wieder greift sie selbst gerne zum Kochlöffel, um ihre legendären Gerichte zuzubereiten, die schon in den 70er Jahren am Beginn des „Wachauer Küchenwunders" gestanden sind.
Dabei ist etwa die mittlerweile fast schon „weltberühmte" Topfenhaluschka von Frau Jamek keineswegs „urwachauerisch", sondern geht auf ein altes Rezept aus der Slowakei zurück, das Frau Jamek, eher „der Not gehorchend", in die Wachau gebracht hat. „Wir hatten in den 50er Jahren so viele Schweindln", erinnert sie sich noch heute, „dass wir einfach nicht mehr wussten, was wir mit den vielen Grammeln anstellen sollten. Wir haben sie damals in erster Linie an die Vögel verfüttert, worüber sich unsere Katze gefreut hat, die während der Fütterung reiche Beute machte."
Sehr zum Leidwesen der Katze erhielt Frau Jamek damals von einer alten Bekannten das Rezept für die Topfenhaluschka, die bis heute neben dem Erdäpfelschmarren und den Hechtnockerln als eine der Säulen der Jamek'schen und damit der Wachauer Küche gilt.
Auch die berühmten „Wachauer Hechtnockerln", plaudert Frau Jamek aus der Schule, sind übrigens „fast ein Import." Fernsehkoch Franz Zimmer, der früher gerne mit dem Schiff in die Wachau kam, hat sie „eingeführt." Er machte die Hechtnockerln allerdings mit einer Scampisauce, die Edeltraud Jamek dann doch nicht so ganz in die Wachau zu passen schien. Also ersetzte sie diese kurzerhand durch eine Petersilsauce – und ein neuer „Wachauer Standard" war geboren.
Der eigentliche Wachauer Standard, der Wein, war freilich immer schon da.

Nicht nur dafür ist Edeltraud Jamek berühmt: Ein köstlicher Aufstrich und die Topfenhaluschka gehören bei Jamek zu den Höhepunkten.

Hauerstangerl

Ein Rezept von Rudolfine Pichler

ZUTATEN

40 g Germ
750 ml Milch
20 g Zucker
10 g Salz
1 kg glattes Mehl
3 EL Schweineschmalz
1 Ei
1 Eidotter
Ei zum Bestreichen
2 EL grobes Salz
Kümmel nach Belieben

ZUBEREITUNG

Zunächst aus Germ, 250 ml Milch, Zucker und Salz ein Dampfl zubereiten und so lange stehen lassen, bis es aufgeht. Dann das Mehl in eine große Schüssel sieben, das Dampfl darunterrühren und mit Schweineschmalz, Ei, Eidotter und der restlichen Milch verarbeiten, bis ein fester Teig entsteht.
Den Teig mehrmals gut durchkneten und zugedeckt an einem warmen Ort eine halbe Stunde gehen lassen. Danach den Teig ca. 2 mm dick ausrollen und in gleichmäßige Dreiecke schneiden. Die Dreiecke zu kleinen Stangerln rollen, mit Ei bestreichen und mit grobem Salz sowie Kümmel bestreuen. Im auf 200 °C vorgeheizten Backrohr ca. 10 Minuten lang goldbraun backen und möglichst noch warm zum Wein servieren.

Bœuf Bourguignonne

Ein Rezept von Edwige Bründlmayer

ZUBEREITUNG

1 kg Schmorfleisch vom Rind
2 EL Butter oder Pflanzenöl
1 Karotte
2 Zwiebeln
wenig Mehl
750 ml kräftiger Rotwein
2 Knoblauchzehen
2 Lorbeerblätter
1 Bund Petersilienstängel
1 Zweiglein frischer Thymian
etwas Tomatenmark
4 cl Weinbrand
Salz, Pfeffer

ZUBEREITUNG

Rindfleisch grobwürfelig schneiden und in heißem Fett rasch rundum anbraten. In Scheiben geschnittene Karotten und Zwiebeln hinzufügen, leicht mit Mehl stauben und unter Zugabe von etwas Tomatenmark bräunen.
Fleisch mit Rotwein bedecken, aufkochen lassen.
Mit Salz und schwarzem Pfeffer abschmecken und zerdrückte Knoblauchzehen, Lorbeerblätter, Petersilie sowie Thymian dazugeben. Alles auf kleiner Flamme etwa 2–3 Stunden garen. Kurz vor Ende der Garzeit den Cognac angießen. Die Kräuter wieder entfernen.

Essen bei den Bründlmayers heißt die Welt von einer neuen Seite kennen lernen – oder zumindest einen außerordentlich gemütlichen Abend verbringen.

Topfenhaluschka

Das Originalrezept von Edeltraud Jamek

ZUTATEN

320 g hausgemachte Bandnudeln
250 g gemischter Topfen
100 g Grammeln
Salz, Pfeffer
125 ml Schlagobers
Sauerrahm nach Belieben

ZUBEREITUNG

Die Nudeln in reichlich Salzwasser bissfest kochen. Abseihen. Die Grammeln in einer Pfanne erhitzen. Nudeln und Topfen zugeben, mit Schlagobers aufgießen und alles etwas einkochen lassen. Mit Salz und Pfeffer abschmecken. Auf vorgewärmten Tellern anrichten, nach Belieben mit etwas Sauerrahm garnieren.
BEILAGENEMPFEHLUNG: Gurkensalat.

Und auch bei den Jameks schmeckt es so gut, dass Christoph Wagner sofort zum Notizbuch greift. Was er wohl notiert? Vielleicht: „Hier muss ich sehr bald wieder herkommen".

Geschmorte *Hirschkalbsschulter* mit winterlicher Gemüsecassolette

Ein Rezept von Wilma Malat

ZUTATEN

2 kg Hirschkalbsschulter, zugeputzt
120 g Karotten
100 g Sellerie
100 g Schalotten
2 EL Tomatenmark
3/8 l Rotwein
125 ml roter Portwein
60–70 ml Crème de Cassis (Johannisbeerlikör)
Öl zum Anbraten
1 Zweig Rosmarin
5 Piment-, einige Pfeffer- und Wacholderkörner
2,5 l Kalbs- oder Wildfond
Salz

FÜR DIE CASSOLETTE

100 g Karotten und gelbe Rüben
80 g Knollensellerie
80 g vorgekochte, geschälte Maroni
80 g Stachy (japanische Kartoffel oder chinesische Artischocke)
80 g Kohlsprossenblätter
80 g Romanesco
2 EL Butter zum Aufschäumen
1 EL Zucker
Apfel-Balsamessig
2 EL Kalbsfond
kalte Butter zum Montieren
Salz, Pfeffer

ZUBEREITUNG

Das Fleisch mit Salz, Pfeffer und Wacholder würzen. Scharf anbraten und wieder aus der Pfanne nehmen. Wurzeln schälen, in grobe Stücke schneiden und im Bratensatz gut anbraten, bis das Gemüse langsam Farbe genommen hat. Tomatenmark mitrösten. (Vorsicht! Brennt leicht an!) Mit Rot- und Portwein sowie Cassis ablöschen und die Flüssigkeit komplett einkochen lassen. Gewürze dazugeben, Fleisch wieder in die Pfanne legen, mit Fond aufgießen und im Rohr bei 150 °C ca. 2 Stunden zugedeckt weich schmoren. Weich gegartes Fleisch tranchieren, die Sauce durch ein Sieb passieren, über das angerichtete Fleisch gießen und mit dem Gemüse servieren. Inzwischen die Cassolette zubereiten: Dafür alle Gemüse etwa gleich groß schneiden, getrennt weich kochen und danach in Eiswasser abschrecken. Butter aufschäumen und die Gemüse (bis auf die Kohlsprosserl) mit einem Esslöffel Zucker glasieren. Mit Apfel-Balsamessig ablöschen, Kalbsfond zugießen und einkochen lassen. Zum Schluss mit etwas Butter montieren und die Kohlsprossenblätter einmengen. Mit Salz und Pfeffer abschmecken.

BEILAGENEMPFEHLUNG: Grießknöderl.

Gesellige Runde: Zu Gast bei Wilma Malat am Fuß des Göttweiger Bergs.

Veltlinerschnitten

Ein Rezept von Christoph Wagner

ZUTATEN

250 ml Grüner Veltliner oder ein anderer trockener Weißwein
80 g Zucker
1 Prise Zimt
2 Gewürznelken
100 g altbackene, blättrig geschnittene Semmeln
120 g Butter
120 g Staubzucker
6 Eidotter
Butter für die Form
Staubzucker zum Bestreuen

ZUBEREITUNG

Den Wein mit Zucker, Zimt und Gewürznelken aufkochen. Abseihen und über die blättrig geschnittenen Semmeln gießen. Diese Mischung nunmehr auf kleiner Flamme so lange unter ständigem Rühren einkochen, bis ein sämiger Brei daraus entsteht. Gut auskühlen lassen. Unterdessen Butter und Staubzucker schaumig rühren. Die Eidotter unterrühren und den Semmelbrei einmengen. Die Masse in eine gut ausgebutterte Form füllen und im vorgeheizten Backrohr bei 180 °C etwa 45 Minuten lang knusprig-braun backen.
Mit Staubzucker bestreuen und in Scheiben schneiden.

TIPP

Dieses Weingebäck schmeckt lauwarm genau so gut wie kalt.

Versöhnungsstangerl

Ein Rezept von Christoph Wagner

ZUTATEN

Ca. 600 g Blätterteig
125 ml Milch
4 EL Honig
250 g geriebene Walnüsse
50 g Biskuitbrösel
2 EL Rum
1 Msp. Zimt
geriebene Schale von 1/2 Zitrone
Schweineschmalz zum Bestreichen
Staubzucker zum Bestreuen

ZUBEREITUNG

Für die Nussfülle zunächst Milch und Honig bis knapp an den Siedepunkt erhitzen. Die geriebenen Nüsse einrühren und alles kurz aufkochen lassen. Den Topf sofort von der Herdplatte nehmen, damit sich nichts anlegt.
Nun Biskuitbrösel, Rum, Zimt sowie Zitronenschale einrühren. Den Blätterteig aufbreiten, mit etwas flüssigem Schweineschmalz bestreichen und in gleichmäßige Dreiecke von ca. 12–15 cm Kantenlänge schneiden. Jeweils etwas Fülle in der Teigmitte auftragen und die Teigstücke wie Salzstangerl einrollen. Die Stangen abermals mit etwas flüssigem Schweineschmalz bepinseln und im vorgeheizten Backrohr bei 180 °C goldbraun backen. Mit Staubzucker bestreuen und lauwarm oder auch kalt servieren.

Burgunderbirne

Ein Rezept von Christoph Wagner

ZUTATEN

4 kleine geschälte Williamsbirnen
80 g Zucker
1 Päckchen Vanillezucker
500 ml Rotwein (Burgunder)
100 ml Brombeerlikör
Saft von 1 Zitrone
1 Vanilleschote, halbiert
1/2 Zimtstange
3 Gewürznelken
160 g Vanilleeis
8 Minzeblätter

ZUBEREITUNG

Zunächst den Rotwein mit Zucker, Vanillezucker, Brombeerlikör, Zitronensaft, Vanilleschote samt ausgekratztem Vanillemark, Zimtstange und Gewürznelken zum Kochen bringen. Die Birnen einlegen und darin auf kleinster Flamme etwa 25 Minuten lang ziehen lassen, bis sie weich und glasig, aber noch bissfest sind.
Nun die Birnen im Sud abkühlen und anschließend über Nacht im Kühlschrank ziehen lassen. Danach die Birnen halbieren und vom Kerngehäuse befreien. In die so entstandenen Höhlungen jeweils etwas Vanilleeis einfüllen und mit Minzeblättern garniert servieren.

Wo Lisl Wagner-Bacher speist, wenn sie nicht kocht

Das „geheime“
kulinarische Leben
der Meisterköchin

Oben und vorherige Seite: *Knusprige Steckerlfische – eine Leidenschaft seit Jugendzeiten: Bei einem Steckerlfischbrater in Krems schmecken die Donaufische immer wieder hervorragend.*

Es ist schon später Vormittag, und Lisl Wagner-Bacher lässt mir als kleines Gabelfrühstück ihre famose Jakobsmuschel auf Erbsenpüree servieren, während sie selbst nur bei einem Glas heißem Wasser sitzt, wie sie es in der Ayurveda-Medizin schätzen gelernt hat.

„Essen Sie auch mit, Frau Chefin?", fragt der Kellner, während er mein Gedeck auflegt.

„Ich esse nur in fremden Wirtshäusern", beharrt Frau Lisl stoisch.

Tatsächlich gibt es wohl nur wenige, die sich rühmen können, Lisl Wagner-Bacher in ihren eigenen „Heil'gen Hallen" beim Essen beobachtet zu haben. Denn in der Küche schmeckt sie nur ab, und wenn Lisl Wagner isst, so tut sie das nur in ihren eigenen vier Wänden oder eben, wenn sie auf Urlaub oder, was ebenfalls eher selten vorkommt, *on tour* ist, sprich auf Gourmettour durch Österreich, Europa, mitunter auch Asien. Eine gewisse „Konkurrenzbeobachtung" muss sein, und zwar nicht um sich etwas abzuschauen (das tun andere eher von ihr), sondern um im immer schnelleren Stakkato der kulinarischen Moden auf dem Laufenden und damit dialogfähig zu bleiben.

Vielgängige Menüs, wie sie Lisl selber gerne zubereitet, kommen bei ihr aber nur selten auf den Tisch. „Ich esse gerne zwei Vorspeisen, eine Pasta und ein Fischgericht. Fleisch kann, muss aber nicht sein, und aufs Dessert verzichte ich gänzlich."

Es gibt allerdings auch Restaurants, in denen „ein Gang bereits genug oder sogar zu viel ist." Und was Lisl Wagner gar nicht mag, sind „drei Gänge auf einem Teller, nur um die Vielseitigkeit des Küchenchefs zu beweisen." Was auf einem Teller nebeneinander zu liegen kommt, muss, so ist Lisl Wagner-Bacher überzeugt, „in einem bestimmten geschmacklichen Verhältnis zueinander stehen und gemeinsam zu echter Harmonie finden, als stünden sie unter einer bestimmten Gestirnskonstellation. Aber banale Variationen, die nichts miteinander zu tun haben, die mag ich gar nicht."

Doch Lisl Wagner-Bacher speist, wenn sie auswärts isst, keineswegs nur in Sterne- und Haubenrestaurants. Besonders gern kehrt die leidenschaftliche Golferin mit Ehemann Klaus im Ottensteiner Golfrestaurant von Herbert Hettegger in Rastenfeld ein, weil die dort „bodenständig und mediterran

gleichermaßen unterwegs sind und eigene Schweindln vom Bauernhof der Eltern verarbeiten.
Heurigengeher sind die Wagners eher nicht. Aber den Pulker in Rührsdorf, den suchen sie schon hin und wieder gerne auf, allein schon wegen des Blicks auf die Donau. Und auch der Schweinsbraten ist eine Verlockung, besonders dann, wenn er noch nicht ganz kalt ist. „Am besten schmeckt er, wenn man so gegen vier Uhr Nachmittag mit dem Fahrrad herkommt, dann kann man ihn beim Zurückradeln gleich wieder abarbeiten."
Lisl Wagner liebt aber auch Steckerlfische, die es ihr schon als Kind angetan haben. „Damals haben wir die Weißfische noch selber aus der Donau gezogen, am Donauschotter gebraten und danach die Erdäpfel in die Glut gelegt. Leider gibt es heute fast keine Weißfische mehr. Aber dafür einen professionellen Steckerlfischbrater in Krems. Meistens hat er jedoch eher Makrelen als Donaufische aufgesteckt."
Ein weiterer Quell stetiger – und obendrein gesunder – Freude ist für Lisl Wagner-Bacher ein kleines Wiener Suppenlokal in der Lehárgasse, gleich hinter dem Naschmarkt. Es heißt „Suppito" und wird von der Ärztin Dr. Andrea Scholdan geleitet, die ihre Suppen und ihre Beratung nach den fünf Elementen (Holz, Erde, Feuer, Wasser, Metall) aufbaut. „Ich habe immer frische Suppen aus dem Suppito daheim", gesteht Lisl Wagner ihre Liebe zu den granderwasserbasierten Suppen aus Frau Dr. Scholdans Küche, zu denen etwa die berühmte Tomaten-Kokossuppe zählt. „Andreas Suppen sind so köstlich wie gesund, halten sechs Wochen und bilden, vor allem, wenn man auch ein bisschen Reis dazu isst, eine ganze, gesunde und auch kaloriensparende Mahlzeit."
Weniger „kaloriensparend", aber bei Lisl Wagner nicht minder beliebt sind die beiden Wiener Würstelstände bei der Albertina und am Schwarzenbergplatz, gleich neben dem kleinsten Weingarten Wiens. Lisls Lieblingswurst ist ganz eindeutig gebratene Käsekrainer („Schwer, aber gut!). In Krems wiederum lässt sich Lisl gerne in ihrer Lieblingsfleischerei Winkler-Langgartner zu einer Leberkässemmel überreden oder labt sich, bevor am Mittwoch Mittag der wöchentliche Kochstress beginnt, auch hin und wieder an Berner Würsteln. Einen Pizzaservice hat Lisl Wagner-Bacher indessen ihr Lebtag noch nie bestellt. Der Grund: Sie hasst getrockneten Oregano.
Und was Lisl auch gar nicht mag, ist – neben Mohn und Ziegenkäse – Glutamat. „Als junge Mutter habe ich noch hin und wieder eine Packerlsuppe selbst gegessen, mit Eiermuscheln und Fleischklößchen. Das könnte ich heute nicht einmal mehr kosten. Auch der Chinese ums Eck kommt deshalb nicht mehr in Frage.
Dafür hat sie sich im Gegenzug die große Welt der Sushi erschlossen. Vor unserem Gespräch war sie gerade beim Frankfurter Kultkoch Mario Lohninger, einem gebürtigen Österreicher, zu Gast: „Der hat für sein Restaurant sogar einen eigenen Sushimeister engagiert! Beneidenswert."

An der blauen Donau mit Blick auf Stift Göttweig. Hier findet man die Ruhe, die man im Alltag oft vermisst.

Urlaub von der Küche, Urlaub im Süden

Die Geschichte
einer hedonistischen
Gemeinsamkeit

Es ist kaum zu glauben, aber die Familie Wagner aus Mautern und die Familie Wagner aus Wien haben zwanzig Jahre in Grado geurlaubt, ohne dass sie einander je begegnet wären.
Irgendwann einmal war es dann aber doch so weit, und dieses Ereignis wurde auch mit einer großen Fete im Ristorante all' Androna gefeiert und anschließend mit einer Flasche Bordeaux und zwei schönen Havannas besiegelt.

Badeurlaub in Grado 1958: Am Strandabschnitt des „Settimo Cielo".

Lisls Liebe zur Inselstadt mit dem verwinkelten Römer-Castrum und den labyrinthisch angelegten Sottoporti, Campielli, Hinterhöfen und blinden Stiegen reicht schon in ihre Kindheit zurück.
„Grado war meine erste kulinarische Reise", sagt Lisl lächelnd, „ich war damals erst zwei Jahre alt." Doch von damals bis heute „ist Grado die sommerliche Außenstelle des Landhauses Bacher geblieben." Und woran sich Lisl sehr wohl erinnern kann: „Das gute Essen hat in unseren Urlauben stets eine wichtige Rolle gespielt."
Da gab es beispielsweise einen gewissen Renato, der ein Lokal in der Gradeser Innenstadt betrieb, und auf den Lisls „große Schwester" Gerda dereinst ein Auge geworfen hatte. Aber schon damals speiste man auch bei „De Toni", „Androna" und „Da Nico."
„Als unsere beiden Töchter Christina und Susanne älter wurden", erzählt Lisl Wagner, „sind sie dann auch öfters auf eigene Faust nach Grado für ein paar Tage auf Schwesternurlaub gefahren – und haben natürlich im selben Hotel eingecheckt, in dem auch ich schon mit meinen Eltern zu Gast war." Gemeint ist das „Spiaggia", ein kleines Hotel mit Meerblick, gleich hinter dem „Settimo Cielo", dem elegantesten Strandabschnitt der „Spiaggia della Mitteleuropa", wie Grado in der Fremdenverkehrswerbung auch gerne genannt wird. „Ausgesucht hat das Hotel mein blinder Vater", erinnert sich Lisl, „weil er von dort aus das Meer am besten hören konnte, dessen Rauschen durch den Springbrunnenregen auf der großen Piazza noch angenehm verstärkt wurde.
„Mittlerweile sind wir schon wieder eine veritable Großfamilie, wenn wir zu zehnt den Strand bevölkern", freut sich Lisl über den auffälligen Gleichklang alter und neuer Urlaubsfreuden, zu denen eine jährliche Wallfahrt auf die stille Kircheninsel Barbana inmitten der Lagune ebenso zählt wie eine Bootsfahrt hinaus nach Porto Buso, wo man im „Ai Ciodi" unter freiem Himmel Lagunenfische isst.
Oder man fährt aufs Land „hinüber" in Richtung Aquileia und biegt am Ende der Lagune nach Belvedere ab, um noch ein paar Kilometer weiter zu einem Bauernhof mit eigenem Wein, eigenem Hummerbecken, eigenen Gänsen (und einem deftigen *goulash d'oca)* zu kommen.

Wer könnte angesichts so vieler kulinarischer Urlaubserinnerungen leugnen, dass die Gradeser Küche auch in jener zu Mautern schmeckbare Spuren hinterlassen hat. Vor allem der warme Paradeissalat mit knusprigen Tintenfischen und frittierten Gambas trägt ganz eindeutig Gradeser Spuren, aber auch Lisls Liebe zur Meeresspinne und zum Boreto, dem klassischen „Stadtgericht" der Gradeser Fischer, stand am Beginn ungezählter „mediterraner" Kompositionen am Donaustrand.

Allein: Lisls Liebe zum Süden ging zwar von Grado aus, breitete sich bald aber in konzentrischen Kreisen weit darüber aus. Vittorio Veneto, wo der Pfarrer, der Lisl und Klaus einst getraut hatte, ein Häuschen besitzt, war eine wichtige Station vieler kulinarischer Reisen, die sie immer wieder nach Padua, Verona und vor allem auch nach Venedig führten, wo Lisl ihre „Leidenschaft für die Artischocke" entdeckte. „Ich war damals gerade 25, und ich konnte den Artischockenputzerinnen stundenlang dabei zuschauen, wie sie die jungen Artischocken zuhobelten und gleich an Ort und Stelle in Gläser abfüllten. Die unvergleichliche Konsistenz, das Bittere und das Nussige, die geschmackliche Korrespondenz zwischen den Böden und den Blättern – das alles ist eine niemals wirklich abgeschlossene Aufgabe, die sich mir in der Küche immer wieder aufs Neue stellt. Und je einfacher man denkt, desto besser wird das Gericht. Am liebsten schneide ich die Böden hauchdünn auf und lege ein Fischerl dazu. Oder ich mariniere dick geschnittene, gesechstelte rohe Artischocken mit einem Thymianzweigerl, Zitrone und Olivenöl. Das alles schmeckt nicht nur köstlich, sondern ist auch gut gegen Leberschäden ... Schon wieder ein Wachaubezug", lacht Lisl. „Denn alleine deshalb passt die Artischocke so gut hierher."

Kulinarische Urlaubserinnerung: im „De Toni", Grado 1960.

Gut in die Feinschmeckerlandschaft Wachau passt selbstverständlich auch die Trüffel, und zwar keineswegs nur jene aus Wachauer Schokolade. Die Trüffel entwickelte sich vor allem zum Maskottchen von Patron Klaus Wagner, der sie – immer seiner auf edle Rotweine spezialisierten Nase folgend – vor allem im Piemont fand. „Ich habe zwar beim berühmten ‚Cesare' in Albaretto ausreichend Trüffelkunde gebüffelt, um zu wissen, wie man richtig damit umgeht", erinnert sich Lisl. „Aber während der Trüffelsaison ist in Mautern einfach immer so viel los, dass eine verantwortungsbewusste Köchin nicht einfach 900 Kilometer nach Süden fahren kann. Also hat das Klaus mit großer Freude übernommen, nach dem Motto: Er brachte – und ich machte." Und was sie alles daraus gemacht hat. Zum Beispiel entwickelte Lisl aus dem klassischen Piemonteser „Raviolone mit Dotter" eine ihrer mit Recht meistakklamierten Kreationen, die Erdäpfelpyramide mit Spinat,

An der „Spiaggia della Mitteleuropa“, 1963.

Parmesan und Dotter entwickelt, ein Gericht nebenbei bemerkt, das sich bis heute auf der Landhaus-Karte gehalten hat.
„Ich finde einfach keinen Spaß daran, Gerichte genauso nachzukochen, wie ich sie kennengelernt habe“, bekennt Lisl Wagner. „Es ist eine viel größere Herausforderung, einen Faden aufzunehmen und weiterzuspinnen. Mir verschafft das eine innere Befriedigung und meine Gäste können sich darauf verlassen, dass meine Küche unverwechselbar ist und nicht aus aller Herren Länder abgeschaut.“
So hat Lisl, die erst relativ spät nach Übersee reiste, mit Sicherheit keinerlei Big-Apple-Abziehbilder auf ihrer Karte. Und auch die asiatische Küche, an der sie „diese gewisse Schärfe“ liebt, blieb in Mautern ohne Fusions-Folgen. „Wir haben einen guten Fleischstrudel“, sagt sie selbstbewusst, „wir brauchen keine Frühlingsrolle.“
Womit Lisl Wagner sich indessen sehr wohl intensiv beschäftigt hat, ist die asiatische, zumal die indische Diätetik. Die vierzehntägige Ayurveda-Kur in Sri Lanka, der sie sich vor unserem Gespräch gerade unterzog, hat Lisl Wagner ausgesprochen gut getan: „Zwei Wochen lang rein vegetarische Küche – und mir hat überhaupt nichts gefehlt.“
Den eigentlichen Höhepunkt der Kur bildeten letztlich aber doch nicht die aromatischen Ayurveda-Gerichte, sondern ein Genuss ganz anderer Natur: „Endlich einmal durfte ich vierzehn Tage schlafen und nichts tun. Die Behandlungen mit Sesamöl haben mich einfach ruhig gestellt, und ich musste nicht dauernd auf Achse sein, wie den Rest des Jahres.“

Meeresspinne

ZUTATEN

4 Meeresspinnen
(Seespinnen, Grancevola)
à ca. 1 kg
4–6 EL Olivenöl
1 Zitrone
1 Bund Petersilie
Salz und Pfeffer
1 Zucchini
Öl für das Förmchen
Crostini zum Garnieren

ZUBEREITUNG

Die Meeresspinnen 6 Minuten im siedenden Wasser kochen. Herausnehmen, abkühlen lassen und dann aufbrechen. Das Fleisch heraustrennen und in kleine Stücke teilen. Dabei darauf achten, dass alle Splitter sorgsam entfernt werden. Das Meeresspinnenfleisch mit Olivenöl, Zitrone, Salz und Pfeffer gut abschmecken. Die gehackte Petersilie untermengen.
Die Zucchini in Bänder schneiden, kurz blanchieren, in Eiswasser abschrecken und abtrocknen. Kleine Ausstechformen innen mit Öl ausstreichen, mit den Bändern auslegen und mit dem Meeresspinnenfleisch füllen.
Auf Tellern anrichten, das Förmchen abziehen und mit knusprigen Crostini garnieren.

Gefüllter Artischockenboden

ZUTATEN

6 Artischocken
150 g Fisolen
5 Paradeiser
frisches Basilikum
Olivenöl
Thymian
Salz, Pfeffer
etwas Gemüsefond
Zitronensaft
Gekochte Gnocchi
nach Belieben
Pesto oder Tomatensauce
zum Garnieren

FÜR DEN SUD

Wurzelwerk
Knoblauch
Olivenöl
1 Zitronenscheibe
Salz, Thymian

ZUBEREITUNG

Die Artischocken putzen. Dafür die Blätter bis zum Artischockenherz einzeln abbrechen, die holzigen Teile entfernen, die restlichen Blätter innen wegzupfen und den „Bart" mit einem Löffel herauskratzen. (Klingt schwieriger als es ist!) Dann die Artischocken mit etwas Zitronensaft einreiben und in kaltes Zitronenwasser legen. (Dabei aber nicht zu viel Zitronensaft zugeben, damit die Artischocken nicht zu sauer schmecken.)
Die Paradeiser oben kreuzweise einritzen, in kochendem Wasser kurz überbrühen und in Eiswasser abschrecken. Dann schälen, vierteln, entkernen und in Streifen schneiden. In eine Form geben und mit Olivenöl sowie Salz im Rohr bei 70 °C etwa 2 Stunden antrocknen.
Die Fisolen putzen, in 2 cm lange Stücke schneiden und in Salzwasser weich kochen. Kalt abschrecken. Für den Sud Wasser, Olivenöl, Wurzeln, Knoblauch, Zitronenscheibe, Salz und Thymian 15 Minuten aufkochen. Vier Artischockenböden einlegen und je nach Sorte 12–17 Minuten weich kochen. In Eiswasser abschrecken und dann in etwas Artischockenfond warmhalten. Die beiden restlichen Böden in Dreiecke schneiden und in Olivenöl mit Thymian und Salz langsam braten. Die Fisolen in etwas Gemüsefond erwärmen, mit den getrockneten Paradeisern, Olivenöl und Basilikum vermengen. Die gekochten Gnocchi sowie die Artischocken dazugeben und alles durchmischen. Abschmecken. In die warmen Artrischockenböden füllen. Nach Belieben mit etwas Tomatensauce oder Pesto garnieren.

Knuspriger Tintenfisch „Adriatico"

ZUTATEN

1 kg Calamaretti
(sehr kleine Tintenfische)
100 g Mehl
100 g Stärke
5 Eiklar
Salz
Erdnussöl zum Herausbacken
Zitronenspalten zum Garnieren

ZUBEREITUNG

Die Tintenfische putzen, indem man die Fangarme (Tentakel) abtrennt, den Körper ausnimmt und das dünne Fischbein entfernt. Tintenfische gut waschen und in Ringe schneiden. Bei den Fangarmen in der Mitte das knorpelige „Auge" entfernen und auch diese gut waschen und abtrocknen.
Die Tintenfischringe mitsamt den Tentakeln in einer Mischung aus Mehl und Stärke wenden, durch das aufgeschlagene Eiklar ziehen und anschließend nochmals im Mehl wenden. (Dieser Arbeitsvorgang ist relativ mühsam, lohnt sich aber wegen der danach wirklich krossen Tintenfische.) In heißem Erdnussöl knusprig herausbacken. Herausheben, gut abtropfen lassen, salzen und mit Zitronenspalten garniert servieren.
BEILAGENEMPFEHLUNG: einfache Tomatensauce und Tomatensalat.

Erdäpfelflan mit Dotter und weißen Trüffeln

ZUTATEN

600 g Erdäpfelpüree (s. u.)
6 ganze Eier
200 g braune Butter
Salz, Muskatnuss
4 Eidotter
60 g Trüffeln aus dem Piemont
braune Butter zum Beträufeln

FÜR DAS PÜREE

600 g mehlige Erdäpfel
250 ml lauwarme Milch
70 g Butter
Salz, Muskatnuss

FÜR DIE SAUCE

500 ml Schlagobers
4 Eidotter
100 g blanchierter Blattspinat

ZUBEREITUNG

Für das Püree die Erdäpfel schälen, sehr weich kochen, abseihen, kurz ausdämpfen lassen und in noch heißem Zustand durch die Erdäpfelpresse drücken. Die warme Milch mit der darin aufgelösten Butter einrühren und mit Salz sowie Muskatnuss würzen. Dann das Püree mit den ganzen Eiern sowie der braunen Butter vermengen. Nochmals abschmecken. In mit Klarsichtfolie ausgelegte kleine Förmchen füllen. Mit Folie abdecken und im Wasserbad bei 80 °C ca. 15 Minuten pochieren.
Für die Sauce Dotter mit Obers und den sehr weich gekochten Spinat mit dem Stabmixer aufmixen. Dann am Herdrand bzw. bei sehr geringer Hitze mit dem Schneebesen aufschlagen, jedoch keinesfalls kochen (Dotter würden gerinnen!). Würzen. Den Flan rund ausstechen, oben etwas aushöhlen und mit wenig brauner Butter beträufeln. Das Eidotter aufsetzen, den Flan mit der Sauce umgießen und die gut gebürsteten Trüffeln darüber hobeln.

TIPP

Wählen Sie beim Trüffelhändler schöne große Knollen aus. Je größer die Trüffel, desto besser ist ihre Qualität.

Ossobuco-Ravioli

ZUTATEN

150 g ausgelöstes geschmortes Kalbshaxenfleisch
3 EL gekochtes Gemüsemirepoix (kleine Würferl von Karotten, Sellerie etc.)
wenig Thymian und etwas feingeschnittener Rosmarin
200 g Nudelteig siehe Grundrezepte s. S. 267
Pfeffer
Eidotter für den Teig

FÜR DIE GARNITUR

8 EL Schmorsauce
ca. 20 Scheiben getrocknete Kirschparadeiser
gekochte Gemüsewürferl
Basilikumblättchen

ZUBEREITUNG

Das geschmorte Fleisch etwas anwärmen, fein hacken und mit dem Gemüse vermengen. Mit den Kräutern und Pfeffer abschmecken. Den vorbereiteten Nudelteig (ca. 10 cm breit) sehr dünn ausrollen (am besten mit der Nudelwalzmaschine auf 1,5 mm). Dotter mit Wasser verrühren und die Teigplatten damit bestreichen.
Die Füllmasse auf eine Teighälfte in regelmäßigen Abständen verteilen. Die andere Hälfte der Teigbahn darüberschlagen, um die Füllung herum gut andrücken und nochmals mit einem gezackten Ausstecher „abradeln".
Die Ravioli in siedendem Salzwasser (mit etwas Olivenöl) ca. 3 Minuten kochen. Herausheben, abtropfen lassen und auf den Tellern verteilen. Mit etwas heißer Schmorsauce beträufeln, mit den gekochten Gemüsewürferln sowie den Tomatenscheiben und Basilikum garnieren.

TIPP

Dieses Gericht ist ideal für die sinnvolle Verwertung von Resten von Geschmortem, egal ob vom Lamm, Schwein oder Rind – erlaubt ist, was schmeckt. Wenn Sie die Ravioli längere Zeit aufbewahren wollen, so ist es ratsam, die Ravioli lieber gleich tiefzukühlen, da der Nudelteig rasch die Flüssigkeit annimmt und dadurch klebrig wird.

Trevisianer Radicchio
mit Jakobsmuscheln und Gnocchi

ZUTATEN

4 Strünke langstieliger Radicchio di Treviso
12–16 Jakobsmuscheln
Salz und Pfeffer aus der Mühle
sehr gutes Olivenöl zum Beträufeln
200 g klein gewürfelter Pancetta (Bauchspeck)
100 g sehr fein gehackte Sardellenfilets
4 cl Martini bianco
6 cl Rindsuppe
Grana oder Parmesan nach Belieben
Olivenöl und Butter

FÜR DIE GNOCCHI

500 g Erdäpfel
Meersalz zum Garen
150 g Mehl
4 Eidotter
50 g Butter
Salz, Muskatnuss

ZUBEREITUNG

Den Radicchio waschen, an den Wurzeln und am Stielansatz gründlich schälen und trockentupfen. Den Radicchio in eine befettete Form legen, salzen, pfeffern, mit Olivenöl beträufeln und – je nach Größe – etwa 5–7 Minuten ins vorgeheizte Backrohr unter den Grill stellen. (Noch bessere Ergebnisse erzielt man, wenn man den Radicchio direkt auf dem Holzkohlenrost gart, bis er innen kernweich ist.)
In einer Kasserolle etwas Olivenöl erhitzen, darin den würfelig geschnittenen Speck Farbe nehmen lassen.
Die Sardellenfilets hinzufügen, mit Martini bianco und Rindsuppe aufgießen und die Flüssigkeit auf die Hälfte einreduzieren (einkochen lassen).
Die Jakobsmuscheln würzen und in etwas Butter und Olivenöl bei großer Hitze kurz auf beiden Seiten so braten, dass sie innen noch leicht glasig sind. Den gegarten Radicchio mit den Jakobsmuscheln anrichten, mit der Sardellensauce beträufeln und nach Belieben mit Granasplittern bestreuen. Mit den in Butter geschwenkten Gnocchi anrichten.

Für die Gnocchi die Erdäpfel in der Schale im Rohr bei 150 °C auf Meersalz ca. 1 Stunde dämpfen. Dann schälen, pressen und mit Gewürzen, Butter, Eidotter und Mehl schnell verarbeiten. Aus der Masse eine Rolle formen, kleine Stücken abtrennen, zu Gnocchi formen und mit einer Gabel einrollen. In siedendem Salzwasser so lange kochen, bis die Gnocchi aufsteigen. Herausheben, in Eiswasser abschrecken und vor dem Anrichten in Butter schwenken.

Hummer mit Pasta

ZUTATEN

2 Hummer à 500 g
200 g gekochte Erbsenschoten
200 g Pasta (z. B. Penne)
Kerbel zum Garnieren

FÜR DIE COURT-BOUILLON

3 l Gemüsefond oder leichte Suppe
200 g Wurzeln und Lauch für den Sud
Salz, Lorbeer, Pfeffer
Thymian
125 ml Weißwein
Etwas Noilly Prat

FÜR DIE SAUCE

4 Schalotten
2 Karotten
1 Sellerieknolle
Butterschmalz
Tomatenmark
2 cl Cognac
2 cl Pernod
150 ml Rindsuppe
300 ml Schlagobers
einige eiskalte Butterstücke
Salz, Pfeffer
Cayennepfeffer

ZUBEREITUNG

Zunächst für die Court-bouillon den Gemüsefond mit allen Zutaten etwa 20 Minuten kochen lassen. Dann die Hummer in die kochende Court-bouillon geben und 5 Minuten ziehen lassen, bis sie innen gerade noch glasig sind. Hummer auslösen, den Schwanz halbieren und entdärmen. Die Karkassen für die Sauce bereithalten.

Für die Sauce die Hummerkarkassen grob zerhacken, Schalotten schälen, geputzte Karotten und Sellerieknollen in Würfel schneiden und alles in Butterschmalz anrösten. Karkassen kurz mitrösten, mit etwas Tomatenmark nochmals kurz durchrösten und mit Cognac ablöschen. Etwas Pernod zugießen, mit Rindsuppe sowie Obers aufgießen und 20 Minuten kochen lassen. Dann abseihen und um die Hälfte reduzieren (einkochen lassen). Mit etwas eiskalter Butter aufmixen. Mit Salz, Pfeffer und Cayennepfeffer abschmecken.
Währenddessen die Nudeln bissfest kochen. Abseihen und in etwas Sauce schwenken. Mit den gekochten Erbsenschoten mischen und mit jeweils einem halben Hummer anrichten. Mit frischem Kerbel garnieren.

Family Business

Oder: Wie die Liebe
zu den Töchtern und
Schwiegersöhnen auch
durch den Magen geht

Lisl Wagner-Bacher in ihrer privaten Küche (vorherige Seite) *und mit der übernächsten Generation. Um den Nachwuchs braucht sich das Landhaus Bacher keine Sorgen machen.*

Dass sich Lisl Wagner-Bacher in letzter Zeit wenigstens ein bisschen öfter als früher auch einmal zurücklehnen kann, liegt nicht nur an ihrer erfolgreichen Ayurveda-Kur, es liegt auch an ihrer Familie. Und zwar zunächst einmal an den beiden Töchtern Christina und Susanne, die sich entschlossen haben, nicht – wie so oft in ähnlichen Familienbetrieben – Medizin, Architektur oder Wirtschaft zu studieren, sondern den Betrieb auch in Zukunft weiter führen zu wollen, und das auch noch gemeinsam.

Voraussetzungen dafür bringen die beiden jede Menge mit. „Christina war, obwohl schon immer sehr schlank, eine Allesesserin", erinnert sich Lisl Wagner. „Sie hat beim Opa gern am Heurigenquargel genascht und in meiner Küche am Kaviar." Zu großen Anlässen hat sich Christina (für Nicht-Auskenner: die Blonde) schon als Kind immer Kaviar gewünscht, „aber bitte Beluga und nicht Osietra, weil der hat größere Körner und schmeckt nicht so bitter." Dass sie es mit so vielen feinschmeckerischen Anlagen bis in die Küche des Mailänder Kultkochs Claudio Sadler schaffte, von wo sie auch ein formidables Crissini-Rezept heim in die Wachau brachte, war also fast schon genetisch festgelegt.

Tochter Susanne (für Nicht-Auskenner: die Brünette) hat mit ihrer Mutter nicht nur einen ähnlichen Geschmack, sondern auch eine ausgeprägte Liebe zu Gemüse gemeinsam. „Die Liebe war mir eine Zeit lang fast schon zu groß", erinnert sich Lisl Wagner-Bacher an die ziemlich langen vier Jahre, in denen Susanne als zwischenzeitliche Vegetarierin alles Fleischliche an der Landhausküche – und das ist doch immerhin einiges – verweigerte. Mittlerweile isst sie wieder alles und versteht, was noch wichtiger ist, zu allem den richtigen Wein zu empfehlen. Denn Susanne ist – auch hier fiel der Apfel nicht weit vom Stamm – ausgebildete Diplom-Sommelière und eine hochkarätige Weinkennerin.

Für Schwiegersöhne und Nachwuchs (derzeitiger Stand: vier Enkerl) haben die beiden jungen Bacher-Damen auch schon gesorgt. Christina heiratete mit Mandi zwar, wie auch schon ihre Mutter, einen „Branchenfremden", der sich aber vortrefflich auf die Qualität großer Steaks versteht und daher nicht nur mit seinem Schwiegervater tiefgründige Gespräche über Rindfleisch führen kann.

Tochter Susanne hingegen heiratete, worauf niemand in der Familie auch nur zu hoffen wagte, tatsächlich einen Meisterkoch. Thomas Dorfer (Lieblingsspeise: Himbeertörtchen und die Kasnudeln von seiner Kärntner Mama) erreichte beim „Bocuse d'Or" mit dem sechsten Platz die höchste Platzierung, die je ein Österreicher (inklusive Jörg Wörther) aus Lyon nach Hause brachte. Und er kommt, was die Sache zusätzlich erleichterte, aus der Schule von keiner Geringeren als – Lisl Wagner-Bacher.

„In Wahrheit war ich zunächst eher an der Mutter als an der Tochter interessiert", erzählt der heute 32-jährige Thomas Dorfer mit dem ihm eigenen hintergründigen Lächeln. Allerdings, das muss hinzugefügt werden, aus durchwegs lauteren und rein kulinarischen Motiven. Thomas Dorfer – das prädestiniert ihn für den Platz an der Sonne in Lisl Wagner-Bachers Landhausküche noch ein wenig mehr – ist zwar gebürtiger Kärntner, hatte aber seine Großeltern in der Wachauer Gemeinde Rossatz und verbrachte viel Zeit dort. „Schau, dort drüben, da kocht die berühmte Lisl Wagner-Bacher", hatte sein Großvater dem Enkel, der gerne Koch werden wollte, bei diversen Spaziergängen erzählt.

Den Kochberuf erlernt hat Thomas Dorfer, der schon mit sechs Jahren perfekt „Kasnudeln krandeln" konnte, allerdings nicht in der Wachau, sondern im Hotel Ronacher zu Bad Kleinkirchheim. Nach einem halben Jahr in Australien und einer Saison am Arlberg heuerte Thomas Dorfer dann tatsächlich als Commis im Landhaus an, zog aber nach eineinviertel Jahren wieder weiter nach St. Moritz und ins weltberühmte „Bareiss" im Schwarzwald, wo er es unter den Fittichen seines großen Mentors Claus-Peter Lump zum Sous-Chef brachte, in dieser Funktion drei Jahre Lang für die Mitarbeiterführung verantwortlich war und auch den „Grand Prix Taittinger" gewann. Mit Lisl Wagner-Bacher und dem Landhaus-Team hielt Dorfer allerdings weiterhin Kontakt – bis dann eines Tages einmal nicht, wie üblich, Frau Johanna, sondern Susanne den Hörer abhob ...

An der weiteren Entwicklung war Lisl Wagner dann nicht mehr beteiligt, mit ihrer Begeisterung darüber hält sie allerdings nicht hinter dem Berg: „Dass ich so einen Schwiegersohn krieg, das hab ich mir nie gedacht. Er könnte ja tatsächlich mein Bua sein, so gern, wie der mit Artischocken und Paradeisern kocht."

Worin sich die Affinität zwischen Schwiegermama und Schwiegersohn allerdings noch keinesfalls erschöpft. Mit Frau Lisl teilt Thomas etwa die Lieblingsbiermarke („Hirter"), die Liebe zum Golf spielen, eine tief sitzende Abneigung gegen alles, was von der Ziege kommt, die es seither im Landhaus Bacher noch schwerer als bisher hat – und vor allem den nimmermüden Perfektionismus. Und was vor allem Dorfer, der den „rauen Ton" der großen weiten Köchewelt bestens kennt, besonders schätzt, ist die „familiäre Tonlage, in der hier gearbeitet wird, ohne dass deswegen auch nur der geringste Schlendrian einreißen würde."

Natürlich ist mit Thomas Dorfer auch ein neuer Küchenstil im Landhaus eingezogen, den Lisl Wagner wie der Schwiegersohn aber als „willkommene Ergänzung, nicht als Änderung der Linie" begreifen. Einig sind sich beide, dass Molekularküchenelemente (Lisl im O-Ton: „Dös lern i nimma, da frag i einfach den Thomas") dort, wo sie gute Ergebnisse bringen, durchaus eingesetzt werden dürfen. Einig sind sie sich jedoch auch in ihrem Credo, dass es „im Landhaus weiterhin eine gekochte Küche geben muss und keine angerichtete."

Ganz und gar unmolekular, aber auffällig ist jedoch, dass sich die Wachauer Küche, die schon so viele Einflüsse von der Topfenhaluschka bis zum

Genießen mit Stil: Klaus Wagner lässt sich's schmecken.

Gemütliche Familienrunde: Tochter Christina und Gatte Mandi mit ihren beiden Kindern, Klaus und Lisl, Oma Bacher, Thomas Dorfer und Tochter Susanne mit Nachwuchs (von links).

Liebe geht durch den Magen: Klaus und Lisl am Familientisch.

Paprikakraut aufgenommen hat, nun auch in Richtung Kärnten als absolut durchlässig erweist.
Denn tatsächlich muss man sie ja gekostet haben, die Dorfer'schen Kasnudeln, für die er sich den groben Bröseltopfen von der Mama schicken lässt. Die nicht minder obligatorische braune Minze hat Dorfer längst im hauseigenen Kräutergärtlein heimisch gemacht. Nur das in Kärnten übliche Verhältnis von zwei Drittel Topfen zu einem Drittel Erdäpfeln hat er umgekehrt. „Und wenn Eckart Witzigmann auf Besuch kommt", so Thomas Dorfer, „dann lass ich für ihn die Minze weg und nimm stattdessen Périgord-Trüffeln."
Womit die „Wachauer Kasnudeln" so gut wie erfunden wären.

Thunfischstäbchen
mit Avocado und japanischem Salat

ZUTATEN FÜR 6 PORTIONEN

600 g Thunfisch in bester Sashimi-Qualität
verschiedene Kressesorten wie Shiso, Purpur, Mizuna sowie gezupfte Korianderblätter und/oder etwas Friséesalat

DIE ASIA-MARINADE FÜR DAS THUNFISCHTATAR

80 g Honig
2 EL Ingwersaft (reiben und ausdrücken)
3 EL Senfpulver
2 Eidotter
3 cl Sojasauce
150 g Reisessig
7 cl Sesamöl
30 cl Sonnenblumenöl
Salz, weißer Pfeffer
Etwas Cayennepfeffer

FÜR DAS AVOCADOTATAR

2 vollreife Avocados
1 grüner Apfel
Salz, Cayennepfeffer
Zitronensaft

FÜR DIE JAPANISCHE SALATMARINADE

60 g süßer Reisessig
20 g Honig
15 g helle Sojasauce
30 g heißer Geflügelfond
15 g passierte Chicken-Chili-Sauce
120 g Sonnenblumenöl

ZUBEREITUNG

Den top-frischen Thunfisch zu zwei Drittel in regelmäßige Stäbchen von je ca. 30 Gramm schneiden. Einen Teil der Thunfischstäbchen mit Salz und schwarzem Pfeffer aus der Mühle würzen, rundherum scharf anbraten und im Rohr bei 60 °C ziehen lassen, bis eine Kerntemperatur von 38 °C erreicht ist. Der Länge nach halbieren und mit dem Avocadotatar anrichten. Garnieren mit frittierten Reisflocken (Asialaden). Die restlichen Thunfischstäbchen nur mit Salz, etwas Zucker, Olivenöl und Zitronenabrieb marinieren, zugedeckt ca. 2 Stunden stehen lassen. Den Rest kleinwürfelig schneiden und mit der vorbereiteten Marinade marinieren. Für die Asia-Marinade alle Zutaten miteinander verrühren.

Für das Avocadotatar die Avocados schälen, den Kern entfernen und das Fruchtfleisch in kleine Würfel schneiden. Den Apfel ebenfalls schälen, entkernen und kleinwürfelig schneiden. Alles miteinander vermengen und mit Salz, Zitronensaft und Cayennepfeffer abschmecken.

Für die Salatmarinade alle Zutaten miteinander verrühren und den gezupften Salat damit marinieren. Nun den Thunfisch dekorativ anrichten, mit Avocado garnieren und den japanischen Salat daneben platzieren.

Beuschel-Ravioli auf Calamari mit halbgetrockneten Tomaten und Basilikum

ZUTATEN

500 g fertiges Kalbsbeuschel
250 g geputzte Calamari
Olivenöl zum Braten
Halbgetrocknete Tomaten
Basilikum
Etwas Beuscherlsaft
Alter Balsamicoessig zum Abschmecken
Etwas Fischgrundsauce (s. S. 265)
Nudelteig laut Grundrezept s. S. 267

ZUBEREITUNG

Den Nudelteig wie beschrieben verarbeiten. Dünn ausrollen und am besten mit einer Nudelteigmaschine in Teigplatten ausrollen. Teigplatten auflegen und auf der Hälfte in regelmäßigen Abständen etwas von dem vorbereiteten Beuschel auftragen. Andere Teighälfte darüberklappen, rund um die Fülle gut andrücken und mit einem Teigrad abradeln. Ravioli in siedendem Salzwasser kochen.
Nun die Calamari zuputzen, der Länge nach schneiden und kurz in heißem Olivenöl resch braten. Die halbgetrockneten Tomaten fein hacken, Basilikum in Streifen schneiden. Die Tomaten mit den Calamari vermengen, mit Basilikum, etwas warmem Beuscherlsaft und einem Schuss alten Balsamicoessig abschmecken. Auf Tellern anrichten und die Ravioli darauf platzieren. Die warme Fischsauce aufschäumen und die Ravioli damit garnieren.

Drei Gourmets beim Fachsimpeln: Klaus Wagner, Thomas Dorfer und Christoph Wagner (von links).

Seeteufel „Bocuse"

Das Erfolgsgericht von Thomas Dorfer beim „Bocuse d'Or"

ZUTATEN

1 Seeteufelfilet à 600 g
Salz
Olivenöl

FÜR DIE PINIENKRUSTE

100 g Butter
65 g Pinienkerne, fein gehackt
35 g Weißbrotbrösel
1 EL Pinienöl
Salz, Thymian

FÜR DEN BOUILLABAISSE-SUD

500 ml Fischfond
500 ml Muschelfond
Fenchel, Knoblauch
Schalotten
Stangensellerie
Tomaten
Safran
Olivenöl
Noilly Prat, Pernod
100 g getrocknete Tomaten (geschält)
Piment d'Espelette (milder Chili)
Salz, Zucker

FÜR DIE MUSCHEL-CROUSTILLANTS

500 g Muscheln (ca. 100 g ausgelöste)
50 g gekochter, gehackter Fenchel
50 g gehackte getr. Tomaten
Fenchelgrün
2 EL Muschelfond-Béchamel (aus Butter, Mehl und Muschelfond zubereitete Béchamel)
Kataifi-Teig (im Delikatessenladen erhältlich)
Fett zum Frittieren
Safrankartofferl zum Anrichten

FÜR DIE ROUILLE-ROULADE

200 ml Milch
75 g Butter
35 g Mehl
3 Eidotter, 3 Eiklar
300 g Zucchini, geraffelt, gesalzen und ausgedrückt
150 g Erdäpfel, gekocht und gepresst
70 g kräftiges Paprikamark
Knoblauch, Safran
Salz

FÜR DAS GEMÜSETÖRTCHEN

1 Zucchini
etwas fertiges Ratatouillegemüse

ZUBEREITUNG

Das Seeteufelfilet in kleinere Medaillons schneiden, mit Salz würzen und in Olivenöl saftig braten. Für die Pinienkruste die Butter aufschäumen. Die Brösel darin rösten, die gehackten Pinienkerne zugeben. Mit Salz, Thymian und Pinienöl aromatisieren. Auskühlen lassen und auf den portionierten gebratenen Fisch streichen. Bei großer Oberhitze goldbraun gratinieren.

Für den Bouillabaisse-Sud das Gemüse mit Safran in Olivenöl andünsten. Mit Noilly Prat und Pernod ablöschen, kurz einkochen, mit dem Fond auffüllen und auf die Hälfte einkochen lassen. Abseihen. Mit Olivenöl aufmixen und zur Bindung die getrockneten Tomaten einmixen. Mit Piment d'Espelette, Salz und Zucker würzen.

Für die Muschelcroustillants die Muscheln kochen, auslösen und fein hacken. Dann aus den gehackten Muscheln, Fenchel, Tomaten, etwas Fenchelgrün und Muschelfond-Béchamel kleine, etwa 15 g schwere Kugeln formen. Behutsam in etwas Kataifi-Teig einrollen und in einer Teezange frittieren. Auf einem Safrankartoffelsockel anrichten.

Für die Rouille-Roulade Milch mit Butter aufkochen. Mehl einrühren und die Masse etwas überkühlen lassen. Dann das Eidotter unterrühren, Eiklar mit etwas Salz zu cremigem Schnee schlagen und gemeinsam mit den geraffelten, ausgedrückten Zucchini unterheben. Auf ein mit Backpapier ausgelegtes Backblech streichen und im heißen Backrohr goldbraun backen.

Währenddessen für die Rouillecreme die gekochten und gepressten Erdäpfel mit Paprikamark, Knoblauch und Safran pikant abschmecken. Fertiges Biskuit mit der vorbereiteten Creme füllen und straff einrollen. In kleinere Stückchen portionieren.

Für das Provenzalische Gemüsetörtchen Zucchini in kleine Stückchen (Sockel) mit 3,5 cm Höhe schneiden. Mit einem Ausstecher (3,5 cm Duchmesser) ausstechen und mit einem Parisienne-Ausstecher aushöhlen. Kurz blanchieren (überbrühen) und mit Ratatouille füllen. Grüne Zucchinistreifen in 0,5 cm schmale Streifen schneiden und aus diesen Bänder flechten. Anschließend mit Ausstecher 3,5 cm ausstechen und als Deckel daraufsetzen.

Nun alle Komponenten auf einem möglichst dekorativen Teller anrichten und mit der Bouillabaisse-Reduktion garnieren.

Taube mit warmem Cassisgelee und einer Variation vom Sellerie

ZUTATEN

2 Tauben
Wild- oder Pastetengewürz
Salz, weißer Pfeffer, Öl zum Braten
Fond oder Wasser zum Aufgießen
Five-Spice-Gewürz , etwas Butter

FÜR DAS CASSISGELEE

250 g schwarzes Ribiselmark
50 ml Orangensaft, 50 ml Rotwein
3 g Agar Agar

FÜR DIE APFEL-BRIOCHE-BÄLLCHEN

200 g Apfelwürfel
50 g süßer Brioche
etwas Calvados, 5 EL Apfelsaft
1 EL Crème fraîche , Salz, Pfeffer
Mehl, Ei, Brösel zum Panieren
Öl zum Panieren

FÜR DIE SELLERIETASCHERL

1 Knollensellerie, Salz
etwas Selleriepüree s. u.
Mehl, Ei und Brösel zum Panieren
Öl zum Herausbacken

FÜR DAS SELLERIEPÜREE

1 kg Knollensellerie
Salz, Cayennepfeffer
Etwas Mascarpone

FÜR DEN STANGENSELLERIE

1 Stangensellerie, etwas Apfelsaft, Salz

ZUBEREITUNG

Die Tauben mit Salz, weißem Pfeffer und etwas Wild- oder Pastetengewürz würzen. In etwas Fett rundum scharf anbraten und im Rohr bei ca. 180 °C 12–15 Minuten rosa fertig garen. Danach noch etwa 10 Minuten ruhen lassen. Den Bratensatz mit etwas Wasser oder Fond lösen und mit Five-Spice-Gewürz und etwas Butter einkochen. Die Tauben tranchieren und anrichten.

Für das Cassisgelee Ribiselmark mit Orangensaft und Rotwein aufkochen. Agar Agar einstreuen und nochmals kurz durchkochen. In kleine Förmchen ca. 2 cm hoch einfüllen, kühl stellen und kurz vor dem Servieren im Rohr bei 65 °C etwas erwärmen.

Für die Apfel-Brioche-Bällchen die Apfelwürfel kurz (!) mit Calvados und Apfelsaft dünsten. Vom Herd nehmen, geschnittenes Brioche einmengen und mit Crème fraîche abrunden. Mit Salz und Pfeffer abschmecken. Aus der Masse kleine 30 g schwere Bällchen formen. In Mehl, Ei und Bröseln panieren und in heißem Fett goldgelb herausbacken. Das Cassisgelee neben der Taube anrichten, mit wenig Selleriepüree bestreichen und je ein Bällchen daraufsetzen.
Die Sellerievariation auf einem etxra Beilagenteller anrichten.

Für die Sellerietascherl den Knollensellerie schälen, in dünne Scheiben schneiden und diese in Salzwasser weich kochen. Rund ausschneiden und trockentupfen. Auf jede Scheibe etwas Selleriepüree auftragen, zusammenklappen und in Mehl, Ei und Weißbrotbröseln panieren. In heißem Fett herausbacken.

Für das Selleriepüree den Sellerie schälen, würfelig schneiden und in sprudelndem Salzwasser schnell weichkochen. Wasser abgießen und Selleriewürfel mit etwas Mascarpone und Cayennepfeffer in der Küchenmaschine fein pürieren. Abschmecken.

Für den Stangensellerie den Sellerie schälen und in 5 cm lange Streifen schneiden. In Salzwasser mit einem Schuss Apfelsaft weichkochen.

Ananas...
Passion...
Mango...

Soufflierte Schokolade mit Variation von exotischen Früchten und Kokoseis

ZUTATEN

30 g Milch, 10 g Kakao
90 g dunkle Kuvertüre
2 Eidotter, 60 g Zucker, 4 Eiklar
Butter für die Förmchen
Exotische Früchte nach Belieben
(Mango, Ananas, Flugananas etc.)

FÜR DIE PASSIONSFRUCHTMOUSSE

500 g Passionsfruchtmark
200 g Zucker zum Aufkochen
6 Blatt Gelatine, 400 g Schlagobers, halb geschlagen, 5 Eiklar, 65 g Zucker zum Schlagen, Zitronensaft

FÜR DIE ORANGENHIPPE

100 g Butter, 100 g Kristallzucker
100 g brauner Zucker
100 g Orangensaft, 80 g glattes Mehl

FÜR DAS ANANASRAGOUT

250 g Ananas, 50 ml Ananassaft
30 ml Passionsfruchtsaft
80 g Zucker für das Ragout
Saft von 1 Zitrone
Maisstärke zum Binden
250 ml Orangensaft
70 g Zucker für das Gelee
3 Blatt Gelatine
Olivenöl zum Bestreichen

FÜR DAS KOKOSEIS

300 g Kokosmark, 125 ml Wasser
80 g Zucker, etwas Batida de Coco und Malibu zum Abschmecken

ZUBEREITUNG

Kakao in die Milch einrühren und aufkochen lassen. Die Kuvertüre zugeben und schmelzen lassen. Vom Feuer nehmen und in die noch warme Masse die Eidotter einrühren. Das Eiklar mit dem Zucker zu Schnee schlagen und unter die warme Masse rühren. Nun die Masse überkühlen lassen. Dann in gebutterte kleine Förmchen füllen und im vorgeheizten Backrohr ca. 5 Minuten bei 175 °C backen. (Wichtig: Das Soufflé darf nur halb gebacken sein, damit es innen noch schön flüssig ist!) Mit diversen exotischen Früchten sowie der vorbereiteten Passionsfruchtmousse anrichten.
FÜR DIE MOUSSE das Passionsfruchtmark mit 200 g Zucker einmal kurz aufkochen, die eingeweichte und ausgedrückte Gelatine darin auflösen und – wenn möglich – auf Eis kalt rühren oder im Kühlschrank etwas anziehen lassen. Dann Eiklar mit 65 g Zucker und etwas Zitronensaft cremig aufschlagen. Aber Vorsicht: nicht überschlagen! Geschlagenes Eiweiß und halb geschlagenes Obers abwechselnd unter die angestockte (ist wichtig, damit sich die Mousse nicht absetzt) Masse ziehen. In kleinere Förmchen (oder eine größere Form) füllen und ca. 4 Stunden gut durchkühlen.
FÜR DIE ORANGENHIPPE die Butter schmelzen, den weißen und braunen Zucker sowie abwechselnd Mehl und Orangensaft einrühren. Die Masse überkühlen lassen. Dann auf Silpat-Backmatten dünn aufstreichen und im vorgeheizten Backrohr bei 170 °C 8–10 Minuten backen. Noch warm in Rechtecke schneiden und zu Röllchen drehen (etwa rund um den Stiel eines Schneebesens formen). Die fertige Passionsfruchtmousse in die Röllchen füllen.
FÜR DAS ANANASRAGOUT die Ananas in kleine Würfel schneiden und gemeinsam mit Ananas- und Passionsfruchtsaft aufkochen. 80 g Zucker zugeben, etwas Zitronensaft einrühren und alles so lange köcheln lassen, bis die Ananasstückchen weich sind. Mit etwas angerührter Maisstärke binden und abkühlen lassen.
Nun den Orangensaft gemeinsam mit 70 g Zucker erwärmen und den Zucker darin auflösen. Eingeweichte Gelatine dazugeben und dünn auf ein leicht mit Olivenöl gefettetes Blech gießen. Kalt stellen. Mit einem Ausstecher von 5 cm Durchmesser ausstechen und etwas Ananasragout darauf anrichten.
FÜR DAS KOKOSEIS alle Zutaten zusammen in der Eismaschine frieren. Nun alles anrichten und die mit etwas Zucker und Zitrone marinierten Flugmangowürfeln dekorativ daneben platzieren.

Olivenbrot

ZUTATEN

100 g leichtes Öl
200 g glattes Mehl
1 Pkg. Backpulver
200 g gehackte Oliven
200 g Speckwürfel
4 Eier
200 g frisch geriebener Parmesan
50 g Pistazien
Butter und Mehl für die Form

ZUBEREITUNG

Die Speckwürfel knusprig rösten und überkühlen lassen. Die Eier schaumig schlagen. Dann Mehl, Backpulver und Öl einrühren. Oliven, knusprig gebratenen Speck, frisch geriebenen Parmesan und die Pistazien einmengen. Eine passende Form mit Butter ausstreichen und mit Mehl ausstreuen. Die Masse einfüllen und das Brot im vorgeheizten Backrohr bei 180 °C ca. 40 Minuten backen.

Grissini

Dieses Rezept verdankt Lisl Wagner-Bachers Tochter Christina Wagner ihrem Lehrmeister Claudio Sadler aus Mailand

ZUTATEN

120 g Butter
500 g Mehl
15 g Salz
25 g Germ
250 ml Mineralwasser
Olivenöl zum Bestreichen
Feiner Grieß zum Bestreuen

ZUBEREITUNG

Butter leicht schmelzen lassen. Mineralwasser zugießen und beides gemeinsam mit der Mehl-Germ-Salz-Mischung in der Küchenmaschine mit dem Knetarm gut zu einem Teig verarbeiten. Die Masse zu einem Laib formen, mit Olivenöl bestreichen, mit einem Tuch abdecken und an einem warmen Platz gehen lassen. Dann mit Hilfe einer Teigkarte Stücke abstechen und zu Stangerln ziehen. Mit feinem Grieß bestreuen und die Enden gleichmäßig abschneiden. Auf ein mit Backpapier belegtes Backblech legen und im vorgeheizten Backrohr goldgelb knusprig backen.

Rösti belegt mit Roastbeef

ZUTATEN

1 kg festkochende Erdäpfel
Salz, Pfeffer
etwas Schmalz oder Öl

FÜR DEN BELAG

200 g Roastbeef
Senf
8 knusprig gebratene Speckscheiben
12 eingelegte Schalotten
120 g Fisolen
100 g Pilze
Rucola, Brunnenkresse
Sauerrahm
Senf, Worcestersauce
Salz, Pfeffer
Parmesan zum Hobeln
Butter

ZUBEREITUNG

Für das Rösti die Erdäpfel waschen und in Salzwasser 10 Minuten sprudelnd kochen. Abgießen, abschrecken und schälen. Mit der Röstireibe raspeln, salzen und pfeffern. Fett in einer Pfanne erhitzen, die Masse hineingeben, gut zusammendrücken und langsam knusprigbraun braten. Wenden und fertig braten.
Roastbeef mit etwas Senf bestreichen und mit den eingelegten Schalotten im Rohr bei 70 °C leicht erwärmen. Die Fisolen kochen, die Pilze in etwas Butter sautieren (anschwitzen) und dabei ein, zwei Pilze zum Hobeln beiseite legen. Rucola sowie Kresse waschen und trocknen. Nun die heißen Rösti mit Schalotten, Fisolen, Roastbeef, Salat, gebratenem Speck sowie Pilzen belegen. Etwas Sauerrahm mit Senf, Worcestersauce, Salz sowie Pfeffer abschmecken und darüber träufeln. Parmesan und Pilze darüber hobeln.

Ochsenkotelett
mit Gemüsegröstl

ZUTATEN

1,5 kg Ochsenkotelett am Knochen
Salz, Pfeffer
Salbei, Lorbeerblätter, Rosmarin
Öl und Butter zum Braten
Kalbsfond und kalte Butter für das Safterl

FÜR DAS GEMÜSEGRÖSTL

4 große Erdäpfel
1 Karotte
1 gelbe Rübe
1/2 Sellerieknolle
verschiedene Pilze nach Belieben
6 Schalotten
Kräuter (Thymian)
Salz, Pfeffer
80 g zarte grüne Bohnen
Öl zum Braten

ZUBEREITUNG

Das Ochsenkotelett salzen, pfeffern und in einer Pfanne mit heißem Fett gut anbraten. Die Kräuter beigeben und kurz mitbraten. Anschließend auf einen Rost legen (mit einem Blech darunter) und wenn möglich in die Mitte des Fleisches ein Thermometer stecken. Nun im vorgeheizten Rohr bei 120 °C braten, bis die Kerntemperatur 40 °C beträgt, dann auf 100 °C reduzieren und braten, bis die Kerntemperatur 50 °C beträgt, dann auf 70 °C zurückschalten und die Kerntemperatur auf 60 °C bringen.
Bei 60 °C Kerntemperatur ist das Fleisch herrlich rosa und fertig. (Oder das Kotelett nach Gefühl bei kräftigerer Hitze so braten, dass es innen noch saftig und keinesfalls zu durch ist.) Kotelett herausheben, auf einen Rost legen und mit Alufolie zugedeckt etwas rasten lassen.
Vor dem Servieren noch etwas Butter in einer Pfanne aufschäumen, Kräuter beigeben, etwas salzen und das Fleisch einlegen. Mit der Butter einige Minuten wiederholt übergießen. Auf einer vorgewärmten Platte anrichten. Den Bratenrückstand samt Kräutern mit etwas Kalbsfond aufgießen, reduzieren (einkochen lassen), abseihen und mit kalter Butter montieren (binden).

Für das Gemüsegröstl alle Gemüse waschen, schälen und separat in gleich große, ca. 1 cm breite und 3 cm lange Stäbchen schneiden. Dann zuerst die Erdäpfel im Rohr bei 190 °C 5 Minuten braten, dann Karotten, Sellerie und gelbe Rüben zugeben, mit Thymian und Salz würzen, kurz durchschwenken und weitere 10 Minuten im Rohr braten. Jetzt die geschälten und geviertelten Schalotten sowie die Pilze dazugeben, nochmals salzen, pfeffern und im Rohr fertig braten. Zum Schluss mit den grünen Bohnen durchschwenken und mit dem Kotelett anrichten.

Himbeertörtchen

ZUTATEN

4 vorgebackene Mürbteigschüsserl (s. Grundrezept S. 267)
200 g Himbeeren
Staubzucker
Eiklar zum Bestreichen
Mandelblättchen zum Bestreuen

FÜR DIE GRATINMASSE

100 g Butter
100 g Mehl
100 g Staubzucker
Etwas Obers

FÜR DIE VANILLECREME

250 ml Milch
50 g Kristallzucker
20 g Vanillepuddingpulver
1 Vanilleschote
2 Eidotter

FÜR DIE SAUERRAHMSAUCE:

250 g Sauerrahm
125 g Joghurt
Staubzucker
Zitronensaft

ZUBEREITUNG

Den Mürbteig wie angegeben herstellen. Den Teig ausrollen und die Formen leicht buttern. Teig hineinlegen, anstechen und dann 4–5 Stunden kühl rasten lassen. Im vorgeheizten Backrohr bei 180 °C backen. (Die angegebene Menge reicht für mehr als 4 Schüsserl, lässt sich aber gut aufbewahren und anderwärtig verwenden.)

Für die Gratinmasse Butter mit Zucker schaumig rühren und danach Mehl einrühren. Zum Schluss nur so viel Obers beigeben, dass eine glatte Masse entsteht. Fertige Masse zu einer dicken Rolle formen und für 3 Stunden kalt stellen. (Der Durchmesser sollte knapp identisch sein mit jenem des Mürbteigschüsserls.)

Für die Vanillecreme die Milch (bis auf wenig Milch zum Anrühren) mit einer der Länge nach aufgeschnittenen Vanilleschote sowie dem Zucker zum Kochen bringen. Schote entfernen. Puddingpulver mit restlicher kalter Milch und Dottern verrühren und in die Vanillemilch einrühren, bis sie dickflüssig wird. Kalt stellen.

Für die Sauerrahmsauce den Sauerrahm mit Joghurt und Zucker nach Geschmack sowie Zitronensaft glatt rühren. Nun die vorgebackenen Mürbteigschüsserl am Boden mit Vanillecreme bestreichen. Mit frischen, leicht gezuckerten Himbeeren belegen und etwa 5 mm dick mit Gratinmasse abdecken. (Die Oberfläche soll völlig abgedeckt sein, wobei die Masse durchaus auch „gestückelt" werden kann, da die Masse beim Backen etwas zusammenläuft.) Mit Eiklar bestreichen, mit Mandelblättchen bestreuen und gut andrücken. Im vorgeheizten Rohr bei 180 °C ca. 12–15 Minuten backen. Mit der Sauerrahmsauce sowie frischen Himbeeren anrichten und mit Eis nach Belieben optisch dekorativ anrichten.

Menüschluss in der Wachau

Zwischen Marillenknödeln
und Waldviertler Käse

Ehemann Klaus Bacher sorgt für das flüssige „Dessert“: Zu seinen edelbitteren Köstlichkeiten zählt etwa der hausgemachte Nussschnaps.

Dass das Dessert jenes Gericht eines Menüs ist, das dem Gast am nachhaltigsten in Erinnerung bleibt und daher wesentlich zur Entscheidung beiträgt, ob ein Essen nur zufriedenstellend oder glückhaft war, ist eine alte Gastronomenweisheit, die selbstverständlich auch Lisl Wagner-Bacher bewusst ist.

Frau Lisls Desserts sind entsprechend legendär. Ihr gekochter Grießstrudel mit Mohnbutter ist ein Gedicht, ihre Wachauer Torte wurde so schwärmerisch besungen wie anderswo die Sacher- oder die Linzer Torte. Und nachdem Lisl Wagner bei einem kulinarischen Gastspiel in St. Moritz ihren Milchrahmauflauf serviert hatte, erhoben sich die Gäste von den Tischen und spendeten ihr „Standing Ovations“.

Umso erstaunlicher ist es, wenn Lisl Wagner im privaten Gespräch zugibt, „eigentlich keine Süße“ zu sein. Das mag auch damit zu tun haben, dass Lisl, die ja stets von kulinarischen Versuchungen aller Art umgeben ist, „leider auch auf die Figur schauen muss.“ Es liegt aber vielleicht auch daran, dass sie sich, wie viele große Kolleginnen und Kollegen in der Spitzengastronomie, nicht als Pâtisseuse, sondern eben doch als Köchin sieht.

Und als Köchin ist Lisl Wagner-Bacher eine leidenschaftliche Verfechterin der altösterreichisch-böhmischen Mehlspeisküche. „Wenn man in alten Kochbüchern nachliest, wie überreich uns diese aus den alten Kronländern stammende Mehlspeistradition mit den herrlichsten Gerichten beschenkt hat, da muss man zugeben, dass in dieser Hinsicht keine noch so gute Mousse au chocolat mitkommt.

Nach einem uralten Rezept bereitet Ehemann Klaus Bacher auch ein anderes „Dessert“ zu, das allerdings nicht fest, sondern flüssig und neben Wachauer Smaragden und edlen Weinen aus Bordeaux sein drittes „wahres Lebenselixier“ ist: sein hausgemachter Nussschnaps.

„Meine Lisl kocht zwar sehr leicht und bekömmlich“, sagt Klaus Wagner. „Aber wenn ein großes Menü sich dem Ende zuneigt, so gibt es nichts Besseres für die Klärung von Gaumen und Magen als diese edelbittere Köstlichkeit“, die Klaus Wagner mit hundertprozentigem Weingeist sowie grünen Nüssen ansetzt und jahrgangsweise abfüllt, bevor er sie oft jahrzehntelang reifen lässt.

Ein Lieblingsthema ist im Bacher'schen Feinschmeckerhaushalt allerdings auch die zweite große Möglichkeit, den Magen „à la gourmandise“ zu verschließen: nämlich der Käse.

Käse ist für Lisl Wagner nicht nur ein guter Schlusspunkt, sondern auch eine kochtechnische Herausforderung. Denn rund um den Käse, so ist sie überzeugt, „lassen sich viele tolle kleine Gerichte zubereiten. Ich biete daher in meinem Menü immer einen leicht angewärmten Käsegang an, zum Beispiel mit geschmorten Tomaten. Aber auch sommerliche Kreationen mit Frischkäse oder Ricotta erfreuen sich bei den Gästen großer Beliebtheit.“

Dennoch spielt auch der von Tochter Christina und Frau Johanna verwaltete

und stets mit 20 bis 30 optimal gereiften Sorten bestückte Käsewagen im Landhaus eine bedeutende Rolle. „Wir halten uns allerdings an die Weisheit des großen Elsässer Maître Fromagier Bernard Antony, der einmal meinte, dass alle überflüssigen Beigaben dem Käse seine Seele rauben." Also gibt's bei Lisl Wagner-Bacher Käse pur, allerdings nur vom Feinsten. Denn um den Einkauf kümmert sich Schwiegersohn Thomas Dorfer, der nicht nur die großen Käse der Welt zu schätzen weiß, sondern sich insbesondere auch im unmittelbaren Umland umtut: „Einen Wachauer Käse habe ich zwar beim besten Willen noch nicht gefunden. Aber unsere Gegend ist mit dem exquisiten Kamptaler Büffelkäsemacher Robert Paget oder den Waldviertler Käsemachern eine wahre Fundgrube für Käse, wie er auch in unser Landhaus passt."

Alle überflüssigen Beigaben rauben dem Käse seine Seele: der reich bestückte Käsewagen im Landhaus Bacher.

Schokoladenauflauf mit Weichseln und Zimteis

ZUTATEN

100 g Crème fraîche
100 g dunkle Kuvertüre
2 Eier
2 Eidotter
30 g Zucker
Butter und Mehl für die Förmchen

FÜR DAS WEICHSELRAGOUT

300 g Weichseln
250 ml Rotwein
125 ml Portwein
60–70 ml Cassis (Johannisbeerlikör)
Vanilleschote
Saft von 1 Orange
1 EL Puddingpulver
Etwas brauner Zucker
Kirschwasser zum Abschmecken

FÜR DAS ZIMTEIS

7 Eidotter
200 g Zucker
500 ml Milch
500 ml Obers
Zimt zum Abschmecken

ZUBEREITUNG

Die Crème fraîche gemeinsam mit der dunklen Kuvertüre erwärmen und verrühren. Die Eier mit Eidotter und Zucker schaumig rühren. Etwa 2 bis 3 Löffel Schaum gründlich unter die Kuvertüremasse rühren, den Rest des Schaums nur unterheben. Die Masse in kleine gebutterte und bemehlte Förmchen füllen. Im heißen Backrohr bei 170 °C ca. 10 Minuten backen (der Auflauf sollte innen noch cremig sein). Vorsichtig stürzen und mit dem Weichselragout und dem Zimteis servieren.

Für das Weichselragout die Weichseln entsteinen, den Saft dabei auffangen und diesen mit Rot- sowie Portwein und Vanilleschote aufkochen. Etwas reduzieren (einkochen lassen). Das Puddingpulver in Orangensaft glatt rühren und den Wein damit etwas binden. Mit Cassis, Kirschwasser und braunem Zucker abschmecken. Nun die Weichseln dazugeben. Auf Eis lauwarm abkühlen lassen.

Für das Zimteis Milch und Obers aufkochen.
In der Zwischenzeit Eidotter mit Zucker und Zimt schaumig rühren. Dann unter die kochende Milch rühren und zur Rose abziehen (so lange luftig rühren, bis sich das Volumen wesentlich vergrößert hat). In der Eismaschine gefrieren.

Gelierte Beeren
mit Sauerrahmeis

ZUTATEN

500 g Sauerrahm
2 EL Milchzucker
100 g Zucker, Zitronensaft

FÜR DIE BEEREN

250 g gemischte Beeren
1 Blatt Gelatine
4 cl Cassis (Johannisbeerlikör)
6 cl Portwein
Etwas Passionsfruchtsauce oder Orangensaft
Zucker nach Geschmack

FÜR DAS NUSSGEBÄCK

(Achtung: 3 Tage Vorbereitungszeit!)
125 ml Eiklar, 140 g Zucker
140 g geröstete und gehackte Haselnüsse
140 g Mehl
Butter und Mehl für die Form

ZUBEREITUNG

Für das Sauerrahmeis alle Zutaten vermischen und in einer Eismaschine frieren.

Für die Beeren die Gelatine in kaltem Wasser einweichen. Fruchtsaft oder -sauce mit Cassis sowie Portwein vermischen und kurz erwärmen. Ausgedrückte Gelatine darin auflösen. Alles überkühlen lassen und dann mit den Beeren vermengen. Mit Zucker abschmecken. In einer Ausstechform anrichten und mit einem Nockerl Sauerrahmeis sowie dem Nussgebäck servieren.

Für das Nussgebäck Eiklar mit Zucker aufschlagen. Mehl und Nüsse unterheben. Eine Kastenform mit Butter ausstreichen, mit Mehl ausstreuen und die Masse einfüllen. Im heißen Backrohr ca. 30 Minuten bei 180 °C backen. Nach dem Auskühlen in Klarsichtfolie wickeln und erst nach 3 Tagen (!) mit der Aufschnittmaschine in dünne Scheiben schneiden. Dann im Rohr bräunen.

Erdbeeren im Hollersirup
mit Zitronengranité und Sektschäumchen

ZUTATEN

FÜR DAS ERDBEERPÜREE

300 g Erdbeeren
90 g Zucker
Zitronensaft

FÜR DIE ERDBEEREN IM HOLLERGELEE

150 g Erdbeeren
125 ml Mischung aus Hollersirup und Wein, etwas Pfeilwurzelstärke zum Binden

FÜR DAS SEKTSCHÄUMCHEN

125 ml Sekt
1 EL Zucker
2 Eidotter

FÜR DAS ZITRONENGRANITÉ

Zitronensaft, mit Zucker und Wasser abgeschmeckt
Etwas Baiser zum Reiben
Baiser und Erdbeeren zum Garnieren

ZUBEREITUNG

Für das Püree alle Zutaten im Mixer pürieren, nach Belieben auch passieren und kalt stellen. Anschließend die Erdbeeren klein schneiden. Die Holler-Wein-Mischung leicht anwärmen. Etwas Pfeilwurzelmehl mit kaltem Wasser anrühren und unter die Mischung rühren. Die Erdbeeren damit übergießen, in die Gläser füllen und kalt stellen.

Für das Zitronengranité den Zitronensaft mit Zucker und Wasser nach Belieben gut abschmecken. In einem tiefen Blech anfrieren lassen.

Für das Sektschäumchen die Dotter mit Sekt und Zucker über Dampf warm und dann in einem kalten Wasserbad kalt schlagen. Nun etwas Erdbeerpüree auf die gelierten Erdbeeren gießen und mit Baiserbröseln bestreuen. Mit etwas Sektschäumchen auffüllen, den gefrorenen Zitronensaft abschaben und als Graniténockerl daraufsetzen. Mit Erdbeeren und Baiser garnieren.

Moderner *Apfelstrudel*

ZUTATEN

4 Strudelteigblätter
Butter
Zucker

FÜR DAS APFELGELEE

4 Äpfel
Butter
Etwas Zucker
1 Schuss (60–70 ml) Apfelsaft zum Ablöschen
2 EL gehackte Nüsse
80 g kleinwürfelig geschnittenes Haselnussbiskuit
250 ml Apfelsaft
1 Zimtstange
2 Gewürznelken
2 Blatt Gelatine

FÜR DIE FLORENTINER

30 g Milch
70 g Butter
1 g Pektin
80 g Zucker
100 g gehobelte Mandeln

FÜR DIE KARAMELL-APFEL-KUGERLN

2 Äpfel
100 g Zucker
Etwas Butter
125 ml Apfelsaft
2 cl Calvados
Einige Tropfen Zitronensaft

FÜR DAS HASELNUSSBISKUIT

8 Eier
200 g Zucker
1 EL Vanillezucker
Zitronenschale
220 g geriebene Haselnüsse
80 g Mehl
80 g Mie de pain (Brösel von entrindetem Weißbrot)

ZUBEREITUNG

FÜR DAS APFELGELEE zunächst die Äpfel in feine Würfel schneiden, in Butter leicht anschwitzen und mit etwas Zucker leicht karamellisieren. Mit Apfelsaft ablöschen und kaltstellen. Danach gehackte Nüsse und kleinwürfelig geschnittenes Haselnussbiskuit dazugeben.
Den Apfelsaft mit Zimtstange und Nelken erwärmen, kurz ziehen lassen und die Gewürze wieder entfernen. Gelatine in kaltem Wasser einweichen, ausdrücken und im Apfelsaft auflösen. Unter die Masse rühren. In eine mit Klarsichtfolie ausgelegte Kastenform füllen und zum Gelieren kaltstellen. Dann in 3 x 11 cm große Stücke schneiden.
FÜR DIE FLORENTINER Milch mit Butter aufkochen. Pektin mit Zucker vermengen (unbedingt vermischen!), unterrühren und 2 Minuten kochen. Dann die Mandeln einrühren und die Masse zwischen 2 Bögen Backpapier ausrollen. Bei 170 °C im heißen Rohr goldgelb backen. Herausheben und in 4 x 12 cm große Stücke schneiden.
FÜR DIE KARAMELL-APFELKUGERLN zunächst Zucker schmelzen, einige Butterflocken einrühren und mit Apfelsaft, Calvados und Zitronensaft ablöschen.
Die Äpfel schälen und kleine Kugerl ausstechen.
In der Karamellsauce weich kochen.
FÜR DAS BISKUIT die Eier mit Zucker, Vanillezucker und etwas geriebener Zitronenschale schaumig aufschlagen. Nüsse, Brösel und Mehl unterheben. Auf einem mit Backpapier ausgelegten Blech ca. 2 cm hoch bei 170 °C 25–35 Minuten backen. Auch das Biskuit in 4 x 12 cm große Stücke schneiden.
Die Strudelteigblätter jeweils in 4 x 12 cm große Stücke schneiden, buttern und zwischen 2 Bögen Backpapier knusprig backen, noch warm überzuckern und kurz karamellisieren. Nun jeweils eine Schicht Biskuit – Strudel –Apfelgelee – Strudel zusammensetzen.

Diesen Vorgang wiederholen, bis alles verbraucht ist. Mit Karamell-Apfelkugerln belegen, Florentiner dazwischen stecken und mit etwas Sauce servieren.

TIPP

Man kann das Biskuit auch noch mit etwas Calvados oder Süßwein tränken.

Haselnussauflauf mit Trauben

ZUTATEN

70 g Butter
70 g Staubzucker
70 g Toastbrot
120 ml Milch
Salz
Zitronenschale
3 Eidotter
15 g Weißbrotbrösel
3 Eiklar
Kristallzucker
70 g Haselnüsse,
Mohn oder Mandeln
Butter und Zucker
für die Förmchen

ZUBEREITUNG

Butter mit Zucker schaumig rühren, Dotter und die Aromaten (Salz, Zitronenschale) beigeben. Das Toastbrot in Milch einweichen, ausdrücken und passieren. Eiklar mit etwas Kristallzucker steif schlagen. Nun die Butter-Dotter-Masse mit dem passierten Toastbrot vermischen, anschließend Nüsse, Brösel und Schnee abwechselnd unter die Masse heben. Die Teller oder Förmchen ausbuttern, zuckern und die Masse einfüllen. Im vorgeheizten Backrohr bei ca.180–200 °C 20–25 Minuten backen.
Währenddessen für den Süßweinschaum Eidotter mit Süßwein und Zucker (nur nach Bedarf) in eine Schüssel geben und über Dampf schaumig aufschlagen.

Für das Traubenragout ca. 150 g Trauben mit dem Weißwein aufkochen. Mixen, passieren und mit etwas in Wein abgerührtem Puddingpulver binden. Überkühlen lassen und die restlichen halbierten Trauben unterheben. Den Auflauf mit dem Weinschaum und Traubenragout servieren.

FÜR DAS TRAUBENRAGOUT

400 g Trauben
125 ml Weißwein
Etwas Puddingpulver

FÜR DEN WEINSCHAUM

3 Eidotter, 125 ml Süßwein
Zucker nur nach Geschmack

Dukatenbuchteln

mit Weingartenpfirsichen und Mandeln

ZUTATEN

20 g Germ
Kristallzucker
330 g glattes Mehl
100 ml Milch
30 g Staubzucker
30 g zerlassene Butter
3 EL Schlagobers
1 Ei
1 Eidotter
1 Prise Salz
2 TL Vanillezucker
1 Prise Zucker
flüssige Butter zum Bestreichen
Zucker für die Form

ZUBEREITUNG

Zunächst das Dampfl vorbereiten. Dafür die Germ in eine Schüssel geben, mit wenig Kristallzucker bestreuen und stehen lassen, bis die Germ etwas flüssig geworden ist. Die flüssige Germ mit etwas Mehl, Milch und Zucker verrühren und das Dampfl nochmals gehen lassen, bis sich das Volumen deutlich vergrößert hat. Das Dampfl mit den restlichen Zutaten in den Kessel geben (Achtung: Die Butter muss zerlassen, darf aber nicht warm sein!) und zu einem Teig verarbeiten. Den Teig dabei ordentlich kneten, nochmals warm gehen lassen und dann 2 cm stark ausrollen. Kleine Buchteln ausstechen und diese in eine gebutterte und gezuckerte Form nebeneinander hineinsetzen, dabei mit Butter bestreichen. Im vorgeheizten Backrohr bei 175 °C ca. 10–15 Minuten goldbraun backen.
Währenddessen für das Sabayon Dotter mit Zucker, Weißwein und Mandellikör über heißem Wasserdampf aufschlagen. Die Gelatine in kaltem Wasser einweichen, ausdrücken und in die heiße Masse einrühren. Die Masse auf Eiswasser kalt schlagen. Die fertig gebackenen Buchteln auf dem Mandelschaum anrichten. Mit den geschnittenen Pfirsichen und den karamellisierten Mandeln garnieren.

FÜR DAS MANDELSABAYON

3 Eidotter
60 g Kristallzucker
60–70 ml Weißwein
2 cl Mandellikör (Amaretto)
1 Blatt Gelatine

FÜR DIE GARNITUR

4 geschälte Pfirsiche
80 g geschälte, karamellisierte Mandeln, grob gehackt

Gekochter Grießstrudel mit Rhabarberragout

ZUTATEN

Strudelteig
75 g Butter
1 Msp. Salz
3 Eidotter
100 g Grieß
125 g Sauerrahm
3 Eiklar
20 g Kristallzucker
Rosinen
Butter zum Bestreichen
2 EL Staubzucker
2 EL gemahlener Blaumohn
2 EL zerlassene Butter
Rum, Vanillezucker und Salz für das Kochwasser

FÜR DAS RHABARBERRAGOUT

500 g Rhabarber
150 g Zucker
80 g frische pürierte Erdbeeren
80 g frische Erdbeeren
125 ml Wein
2 EL Puddingpulver

ZUBEREITUNG

Butter mit Salz schaumig rühren, nach und nach die Dotter dazugeben. Unter diese schaumige Masse den Grieß und den Sauerrahm rühren. Das Eiklar mit Kristallzucker steif schlagen und vorsichtig unter die Masse heben. Den Strudelteig auf ein leicht befeuchtetes Tuch legen (damit er nicht austrocknet), mit Butter bestreichen und dann die Grießmasse auf zwei Drittel des Teiges streichen. Rosinen darauf streuen und vorsichtig zusammenrollen. Die Enden gut verschließen und den Strudel in leicht siedendem Salz-Rum-Vanillewasser auf jeder Seite ca. 8–10 Minuten kochen. Dann Staubzucker mit Mohn vermengen und den Strudel damit bestreuen. Mit flüssiger Butter übergießen und mit dem vorbereiteten Rhabarberragout servieren.
Inzwischen für das Rhabarberragout den Rhabarber schälen und in 2 cm große Stücke schneiden. Zuckern und in einem abgedeckten Gefäß im Backrohr bei 160 °C weich dämpfen. Den ausgetretenen Saft mit Wein vermischen und abgießen. Mit Puddingpulver leicht binden, kurz aufkochen und abkühlen lassen. Den Rhabarbersaft mit den pürierten Erdbeeren vermischen, mit Zucker abschmecken und über den Rhabarber und die Erdbeeren verteilen.

Erdbeer
Rhababer . . .

Crêpes mit Blauschimmelkäse und Birne

ZUTATEN

2 Birnen
60 g Zucker
125 ml Weißwein
50 g Butter
250 g Blauschimmelkäse
etwas Schlagobers
einige Walnusskerne und Granatapfelkerne als Garnitur

FÜR DIE CRÊPES

250 g mehlige Erdäpfel, gekocht und gepresst
125 g Mehl
4 Eier
ca. 125 ml Milch
Prise Salz
Butter für die Pfanne

ZUBEREITUNG

Für die Crêpes die Eier aufschlagen und mit dem Mehl gut verrühren. Salzen, mit Milch verdünnen, mit den gepressten Erdäpfeln vermischen und 10 Minuten rasten lassen. Eine heiße, befettete Pfanne dünn mit Teig ausgießen und die Crêpes jeweils auf beiden Seiten backen. Aufeinander stapeln und warm halten.
Nun die Birnen schälen, halbieren und mit Weißwein, Zucker und Butter dünsten. Dabei die Flüssigkeit ziemlich einkochen lassen und die Birnen schön glasieren. Den Blauschimmelkäse mit etwas Obers cremig verrühren.
Die Crêpes mit dem Blauschimmelkäse bestreichen, einrollen und in gleich große Stücke schneiden. Auf Tellern anrichten, je eine warme Birnenhälfte dazulegen und mit Walnüssen sowie Granatapfelkernen garnieren.

Bärlauch-Ricottaröllchen
auf Tomaten

ZUTATEN

300 g Ricotta
Olivenöl
Salz, Cayennepfeffer
Balsamicoessig
30 g Basilikum
4 halbe angetrocknete Tomaten
6 Tomaten
100 g Bärlauch
Basilikumkresse

ZUBEREITUNG

Den Bärlauch blanchieren (überbrühen), in Eiswasser abschrecken und trockentupfen. Auf Küchenkrepp oder -tüchern auflegen.
Den Ricotta mit Gewürzen und Olivenöl abschmecken, auf die Bärlauchblätter auftragen und diese schön einrollen.
Nach Belieben zurechtschneiden.
Die frischen Tomaten kreuzweise einschneiden, in kochendem Wasser kurz blanchieren und in Eiswasser abschrecken. Schälen, entkernen und in Würfel schneiden. Nun mit den klein gehackten getrockneten Tomaten mischen und mit Salz, Olivenöl sowie etwas Balsamicoessig abschmecken. Die Tomaten mit Hilfe eines Ringes in die Tellermitte setzen, Ring entfernen und die Röllchen daraufsetzen. Mit Kresse garnieren.
BEILAGENEMPFEHLUNG: knusprig geröstete Weißbrotscheiben (Crostini).

Käsemelange

ZUTATEN

500 ml Schlagobers
100 g Dolce bianco
100 g Camembert
100 g Trautenfelser oder ähnlicher Schimmelkäse
Salz, Pfeffer
Muskatnuss
etwas Suppe zum Verfeinern
100 g Bergkäse
Mehl, Ei und Brösel zum Panieren
Backfett
100 g Périgord-Trüffeln
Butter zum Anschwitzen
etwas aufgeschäumte Milch

ZUBEREITUNG

Die drei Weichkäsesorten entrinden, klein schneiden und in Obers langsam schmelzen lassen. Mit Salz, Pfeffer sowie Muskatnuss würzen und mit etwas Suppe verfeinern. Mit dem Stabmixer sehr schaumig aufschlagen.
Den Bergkäse entrinden, in Dreiecke schneiden und diese in Mehl, verquirltem Ei und Bröseln panieren. In heißem Öl knusprig ausbacken. Die Trüffeln fein schneiden und in etwas Butter anschwitzen.
Nun die Käsemelange in Kaffeetassen anrichten.
Großzügig mit den schwarzen Trüffeln bestreuen und etwas geschlagenen Milchschaum daraufsetzen.
Mit dem gebackenen Bergkäse abschließen.

Essen wie Gott in der Wachau

Der Jahreskreislauf
in einem Märchenland

An Weihnachten darf im Landhaus Bacher nicht gerüttelt werden: die Dekoration zum großen Fest.

Dafür, dass sich der „liebe Gott" in der Wachau schon immer mindestens so wohl gefühlt hat wie sein sprichwörtliches Alter ego in Frankreich, gibt es viele Indizien. Bereits der heilige Severin zog sich – übrigens nur eine kleine Fußwanderung vom heutigen Landhaus Bacher entfernt – *ad vineas*, nämlich in die Weingärten am Göttweiger Berg zur Meditation zurück. Und wie sehr auch die frommen Benediktinermönche diese Gegend schätzen, wusste niemand besser zu erzählen als Albert Paris Gütersloh in seiner Beschreibung von Melk: „Nun hat das kirchliche Jahr mehr und voneinander verschiedene Feste als das weltliche, und jeder Orden hat überdies die seinen. Man hat also üppig getafelt oder ebenso üppig gefastet zu Ehren eines kanonisierten Papstes, Königs, Kardinals, Bischofs oder seligen Hungerleiders, und auf die unermessbaren Verdienste Jesu Christi hin einen kräftigen Vorschuss in Form eines vollkommenen oder unvollkommenen Abendessens erhalten."

Auch Lisl Wagner orientiert sich, was die Ordnung ihrer zumeist doch eher vollkommenen als unvollkommenen Tafeln betrifft, gerne am Kirchenjahr. „An Weihnachten darf nicht gerüttelt werden!", lautet Frau Lisls Devise, und sie weiß sich auch in dieser Hinsicht mit Töchtern, Enkeln und Schwiegersöhnen eines Sinnes. „Es muss alles so sein wie jedes Jahr. Jedes Engerl, jede Speise, alles hat seinen Platz", plaudert Lisl Wagner aus der Schule. „Wenn Kleinigkeiten in Vergessenheit zu geraten drohen, so werden sie sofort von unseren beiden Töchtern wieder in das Feiertagsritual zurück reklamiert." Und zu diesem Ritual gehört natürlich auch ein großes Weihnachtsmahl „für zehn Esser und mittlerweile vier Enkerln."

Das Weihnachtsfest 2007 wird Lisl Wagner jedoch in ganz besonderer Erinnerung bleiben. Denn es war das erste im völlig neu adaptierten Wohnhaus der Großfamilie Wagner-Bacher, die nunmehr, über drei Liegenschaften verteilt, durchwegs in Steinwurf- und Hörweite vom Landhaus Bacher entfernt, wohnt.

Im wesentlich vergrößerten Haus ihrer Mutter hat Lisl Wagner-Bacher nunmehr etwas, worüber sich jede Hausfrau und jeder Hobbykoch freut: nämlich eine funkelnagelneue Küche, von der aus sie sowohl ins lichtvoll-geräumige, an König Artus' Tafelrunde erinnernde Esszimmer als auch hinaus auf die geräumige überdachte Terrasse vor dem noch von ihrem Vater angelegten Biotop servieren kann.

Das Esszimmer erinnert in seiner Gediegenheit an die Landhauseinrichtung, man sieht: Lisl Wagner kann und will ihren feinen, an hellen Farben und luftigen Interieurs orientierten Geschmack da wie dort nicht verbergen. Edles Porzellan, hübsche Hummelfiguren, schöne Gemälde bekannter Wachaumaler, Stillleben und sogar einige eindrucksvolle Tafelaufsätze zeugen von ihrem untrüglichen Gespür für Gastlichkeit.

Die Küche ist allerdings keinesfalls eine Kopie der Profiküche von „drüben im Restaurant." Wenn Lisl Wagner zuhause kocht, ist sie, wie sie leicht tiefstapelnd eingesteht, „eine Hausfrau wie jede andere. Da muss es schnell gehen. Da gibt's keinen Tellerservice, sondern meist nur eine Schüssel in der Mitte. Die sollte allerdings nur enthalten, was gerade frisch und gesund ist, vor allem auch frisches Gemüse und Kräuter."

Lisl Wagner ist auch „kein Technikfreak". Wer kochen kann, so ist sie überzeugt, kann dies auch auf zwei Platten. Und wer nicht kochen kann, dem nützt auch eine High-Tech-Küche nichts. Wenngleich, wie Lisl Bacher zugibt „Kleinigkeiten wie eine eigene Wärmelade sowie ein zusätzliches Grill- und Wok-Feld zur Induktionsplatte durchaus ihre Vorzüge haben, vor allem dann, wenn das Privathaus fast so voll ist wie ein ganzes Restaurant.

Was uns wieder zum Wagner-Bacher'schen Weihnachtsfest zurückbringt, das ebenso unspektakulär wie eindrucksvoll mit jener „Sternderlsuppe" beginnt, wie sie Lisl Wagner schon als Kind liebte. Zu Weihnachten taucht sie allerdings in einem veritablen „Luxusformat" auf, weil sich in dieser klaren Rindsuppe nicht nur die üblichen Sternderln oder Buchstaben, sondern auch von Hand gestochene Gemüsesterne befinden. „Die Suppe diente ursprünglich rein pädagogischen Zwecken", gibt Frau Lisl zu. „Ich wollte meine beiden Töchter daran gewöhnen, dass sie nicht nur die Teigwaren aus der Suppe fischen, sondern auch das Gemüse essen."

Aber nicht nur die Sternderlsuppe ist zu Weihnachten obligatorisch, „auch ohne Flugente und ohne Bratapfel kommt bei uns das Christkind nicht", erzählt Lisl Wagner-Bacher, die um die Weihnachtszeit allerdings auch ihre Landhaus-Gäste besonders verwöhnt. Etwa mit den mittlerweile berühmt gewordenen Wachauer Bratapfel-Variationen oder den echten Weihnachts-Klassikern wie Wurzelkarpfen mit Erdäpfel-Krenschaum und Flugente mit getrockneten Marillen, Zwetschken und Maroni. Das alles darf in dieser „stillsten Zeit im Jahr" niemals auf der Landhauskarte fehlen.

Auf Weihnachten folgt der Stephanitag („der einzige Tag in unserer Familie, an dem wir uns privat Kaviar, Erdäpfel, Sauerrahm und Jahrgangschampagner leisten"). Und dann der Fasching und die mit dem Heringsschmaus am Aschermittwoch beginnende Fastenzeit. Neuerdings hat sich in den traditionellen Wachauer Brauchtumskalender auch der aus den USA stammende Valentinstag am 14. Februar eingeschlichen, und es wird, wie Lisl Wagner nicht ohne eine gewisse Freude erzählt, „immer mehr üblich, die Lebenspartnerin nicht nur mit einem schönen Strauß Blumen zu beglücken, sondern ihr auch besondere Zuwendung in Form einer Einladung zu einem ‚Diner à deux' im Landhaus Bacher zu schenken.

Eine Eigenkreation, so schlicht wie köstlich: das „Kaviar-Ei".

Auch für österliche Gourmets hält Lisl Wagner-Bacher eine Überraschung parat – das so genannte „Kaviar-Ei", eine Eigenkreation, in deren Mittelpunkt ein wachsweich gekochtes Ei steht, das in einer Schnitzelpanier gebacken und mit Kaviar gefüllt wird. Ein Gericht, so schlicht wie köstlich, allerdings nicht ganz leicht zuzubereiten. (Tipp des Autors: Lieber ins Landhaus Bacher gehen, anstatt lange selber damit herumpatzen.)

Mit der Marillen- und Kirschblüte beginnt in der Wachau die Picknicksaison,

Sagenumwobene Kuenringerfestung hoch über dem Tal der Wachau: die Burgruine Aggstein.

und Lisl Wagner nützt die Gelegenheit, mit ihren Freundinnen manch längst vergangenen Traum wieder einmal wahr zu machen: jenen etwa, einen alten Zeiserlwagen zu mieten und, „bewaffnet“ mit Beinschinken, Geselchtem, Backhenderln, Saumaisen und Topfenkäs, durch die Wachau zu fahren. Was die schönsten Picknickplätze der Wachau betrifft, ist Lisl nämlich eine Expertin: Die Ferdinandswarte oberhalb von Mauternbach (Frau Lisl: „die Loge der Wachau, vor allem, wenn man ein Bankerl und einen Klapptisch mit hat“) gehört ebenso dazu wie die Fähre von Weißenkirchen nach Mitterarnsdorf, auf der man an verkehrsarmen Tagen so lange picknickend hin und her „Schifferl fahren“ kann, bis der Jausen- und Weinvorrat aufgebraucht ist. Für Picknicks im festlichen Stil bevorzugt Lisl Wagner-Bacher wiederum die so genannte Schlossinsel am Donauufer unweit der Mauterner Römerhalle, von wo aus man die Donauschiffe wie ein römischer Feldherr an sich vorbeidefilieren lassen kann, während man, wie weiland Napoleon, dazu Champagner schlürft.

Mit solchen Picknicks vergeht der Wachauer Sommer, und schon befindet man sich im goldenen Herbst, wenn die Picknickplatzerln immer bunter werden und Lisl Wagner auch so manches lauschige Bankerl unter einer rebenumrankten Laube weiß.

„Es ist das Märchenland meiner Kindheit“, erzählt Lisl, während sie mir an einem der schönsten Plätze der berühmten Ried Achleiten mit einem Glaserl Federspiel zuprostet. „Mein Vater war der ideale Märchenerzähler. Da er blind war, ist er immer später als die anderen aufgestanden und hat sich zu mir ans Bett gesetzt, um mir Märchen zu erzählen. Er kannte alle Märchen, aber eines war mir von allen das liebste ...“

„Rotkäppchen?“

Lisl schüttelt den Kopf.

„Das Mädchen mit den Sterntalern?“

Wieder nichts.

„Dabei ist es doch so naheliegend. Es ist das Märchen vom Schlaraffenland“, sagt Lisl.

Und hat Lisl Wagner-Bacher auch heute noch den Eindruck, in einem Schlaraffenland zu leben?

Nun ja, wenn man bedenkt, dass man im Schlaraffenland vom Nichtstun lebt, so hinkt der Vergleich zweifellos. Denn Lisl Wagner ist schon eine von den Bienenfleißigen. Was den Lebensgenuss betrifft, ist der Vergleich mit dem Schlaraffenland allerdings so weit auch wieder nicht hergeholt. Denn Lisl Bacher isst gerne, oder wie sie mitunter auch sagt: „Viel zu gerne.“

Hat sie auch eine Lieblingsspeise?

„Wenn ich gerade Dillfisolen mache, so sind sie ohne Zweifel meine Lieblingsspeise. Andererseits sind Lieblingsspeisen immer Saisonsache. Warum sollte ich denn, wenn gerade Spargelzeit ist, ausgerechnet von Dillfisolen träumen?“
Und gibt es auch noch Leidenschaften, die außerhalb des Schlaraffenlandes spielen?
„Eine Leidenschaft, der ich fröne, ist Golf. Aber ich hätte auch sonst noch viele. Vor allem Reisen. Am liebsten Reisen um die Welt, nur ist die Welt heute nicht mehr schön zu bereisen. Also bleibt Europa, und da ist die schönste Reisezeit leider auch die schönste Zeit in der Wachau. Ich komme also immer nur für ein paar Tage weg. Aber längere Reisen, vor allem Kulturreisen, das wäre schon etwas, was noch kommen kann. Ein Land wie beispielsweise Andalusien von Grund auf in seiner Geschichte und Kultur kennen zu lernen, das tät mich schon reizen ... Ja, und dann natürlich Musik.“
Welche Musik?
„Bruckner, Beethoven, Opern ... Vor allem klassische Musik. Auch dieses Interesse hat mein Vater in mir geweckt. Er hat mich gerne ins Brucknerhaus nach Linz mitgenommen. Wenn man blind ist, versteht man etwas von Tönen. Ich freu mich auch schon, mit den Enkerln ins Konzert oder in die Oper zu gehen. Es gibt ja so schöne klassische Programme für Kinder heute. Und meine CD-Sammlung sollte auch einmal archiviert werden.“
Klingt das nicht alles schon ein wenig nach bevorstehender Pensionierung?
„Nein, ganz aufhören möchte ich nie, da ist Edeltraud Jamek mein Vorbild. Ganz aufzuhören, das täte nicht gut. Wenn man sich ganz zurückzieht, fängt man an abzubauen. Ich brauche eine Herausforderung, ich brauche es auch, dass es mich überall herumreißt. In die Luft schauen ist das Letzte, was ich will. Alles andere ist besser.“
Also noch einmal durchstarten und den dritten Michelin-Stern und die vierte Gault-Millau-Haube auch noch erobern?
„Viel wichtiger als Hauben zu bekommen ist es, seinem Weg treu zu bleiben. Aber natürlich würde eine vierte Haube oder ein dritter Stern zur Abrundung meines Gesamtwerks auch meiner Eitelkeit schmeicheln“, gibt Lisl Wagner freimütig zu. „Andererseits nehme ich solche Sachen nicht mehr so wichtig wie in meiner Jugend. Die Zeiten, in denen ich dem Erscheinen der Guides jeden Frühherbst entgegenfieberte, sind längst vorbei.“
Ich habe sie, obwohl wir uns schon so lange kennen, noch nie so direkt gefragt, ob das auch stimmt. Aber mittlerweile bin ich absolut davon überzeugt, dass Lisl Wagner-Bacher nicht nur eine glücksbegabte, sondern tatsächlich auch eine glückliche Frau ist. Und dass das nicht zuletzt mit der Tatsache zusammenhängt, dass sie, obwohl ihr die ganze Welt offengestanden wäre, doch in der Wachau geblieben ist, das glaube ich nach all unseren Gesprächen jetzt auch zu wissen.

„In die Luft schauen ist das Letzte, was ich will“: Lisl Wagner-Bacher will ihrem Weg treu bleiben ...

Weihnachtsmenü aus Mautern

Carpaccio vom Reh

ZUTATEN

250 g Rehrückenfilet
150 g Gänsestopfleber
1 TL Sherryessig
1 TL Himbeeressig
3 EL Haselnussöl
Salz, Pfeffer
8 eingelegte Walnüsse
Walnusskerne

FÜR DEN ROTKRAUTSALAT

200 g Rotkraut
Salz, schwarzer Pfeffer aus der Mühle
Sherry- und Himbeeressig
Haselnussöl nach Geschmack

ZUBEREITUNG

Das Rehrückenfilet der Länge nach aufschneiden, etwas plattieren (klopfen) und flach auflegen. Gänseleber putzen und durch ein feines Sieb passieren, auf das Fleisch streichen und einrollen. Das gerollte Filet in Klarsichtfolie einwickeln und etwas anfrieren lassen.
Währenddessen das Rotkraut von den Strünken befreien und sehr fein schneiden. In Salzwasser bissfest kochen und noch warm mit Sherry- und Himbeeressig sowie Haselnussöl marinieren. Mit Salz und Pfeffer würzen. Vor dem Anrichten nochmals abschmecken, da das Rotkraut die Gewürze sehr stark absorbiert. Nun das Filet mit der Maschine in ca. 3 mm dünne Scheiben aufschneiden und auf Tellern anrichten. Für die Marinade beide Essigsorten mit Haselnussöl vermengen. Abschmecken. Aufgelegtes Carpaccio mit der Marinade bepinseln und mit dem Rotkrautsalat, den geschälten Walnusskernen sowie den in Scheiben eingelegten Walnüssen garnieren.

Wels mit Wurzeln und Erdäpfel-Kren-Schaum

ZUTATEN FÜR 4 ZWISCHENGERICHT-PORTIONEN

300 g Wels
(ersatzweise Karpfen)
1/2 Sellerieknolle
1 Schalotte
1 Pastinaken- und
1 Petersilwurzel
40 g Butter
500 ml Geflügelsuppe
oder Fischfond
etwas weißer Balsamicoessig
gehackte Petersilie
2 gekochte, gepresste
Erdäpfel
braune Butter
frisch geriebener Kren
nach Belieben

ZUBEREITUNG

Alle Wurzeln und die Schalotte schälen, in feine Streifen schneiden und in Butter anschwitzen. Mit Fischfond oder Geflügelsuppe aufgießen und alles leicht dämpfen. Den Fisch ca. 7 Minuten bei wenig Hitze mitziehen lassen. Mit Petersiliengrün und einem Spritzer weißen Balsamicoessig abschmecken.
Den Sud großteils abseihen, mit den gepressten Erdäpfeln und etwas brauner Butter binden, aufmixen und mit Kren abschmecken. Den Erdäpfel-Kren-Schaum auf Teller verteilen und mit dem portionierten Fisch sowie den Wurzeln servieren.

Flugente mit Dörrfrüchten

ZUTATEN

2 Flugenten
Salz, Pfeffer
300 ml Geflügelfond
Vorgekochte und geschälte Maroni
Dörrzwetschken und getrocknete Marillen nach Belieben
geröstete Mandeln
Etwas Rotwein und Weißwein
Thymian, Majoran
Butter
Zucker

ZUBEREITUNG

Die beiden Enten mit Salz, Pfeffer, Thymian sowie etwas Majoran einreiben und im Rohr bei 200 °C unter mehrmaligem Begießen fast fertig braten. Dafür die Enten am besten zuerst mit der Brust nach unten auf die abgeschnittenen Flügerl legen. Etwas Wasser zugießen und ca. 25 Minuten braten, bis der Rücken schön braun ist. Währenddessen wiederholt begießen. Dann wenden und mit der Brust nach oben fast fertig braten.
Danach warm rasten lassen. Vor dem Servieren auf einen Spieß stecken oder auf einen Rost legen und nochmals ca. 15 Minuten knusprig braten. Währenddessen den Bratrückstand lösen, mit Geflügelfond aufgießen und einkochen lassen. Die Sauce abschmecken und zum Schluss mit eiskalter Butter verfeinern.
Inzwischen die Dörrzwetschken in etwas Rotwein mit einer Prise Zucker, die Marillen wiederum in Weißwein ebenfalls mit etwas Zucker kurz aufkochen und 20 Minuten ziehen lassen. Dann die Dörrfrüchte in einer Pfanne mit Butter und Zucker gemeinsam mit den Mandeln kurz karamellisieren. Knusprig gebratene Ente anrichten, mit den Dörrfrüchten umgeben und mit der Sauce servieren.

BEILAGENEMPFEHLUNG: Serviettenknödel.

TIPP

Noch knuspriger wird die Ente, wenn sie vor dem letzten Überbraten noch glaciert wird. Dafür bereiten Sie aus Honig, etwas Wasser, Ingwer und Chili eine Marinade zu und glacieren die Ente damit. Aber Vorsicht! Durch den Honig färbt sich die Haut sehr schnell schwarz.

Bratapfeldessert

ZUTATEN

FÜR DIE GEFÜLLTEN ÄPFEL

4 ausgehöhlte Äpfel, 100 g Marzipan
60 g Nüsse (Mandeln, Wal- oder Haselnüsse)
40 g Rosinen
Dörrzwetschken, gehackt
1 EL Preiselbeeren
Zimt und Lebkuchengewürz nach Geschmack
etwas Orangen- und Zitronenschale
Butterflocken zum Belegen

FÜR DAS APFELSORBET

4 Äpfel, 1–2 Zimtstangen
1 Orange, geviertelt
Zucker, Weißwein
Preiselbeeren zum Anrichten

FÜR DAS HASELNUSSBISKUIT

Ca. 100 g Toastbrot
125 ml Milch, 70 g Butter, Salz
Zitronenschale
70 g Kristallzucker
1 EL Kristallzucker für den Schnee
3 Eidotter, 3 Eiklar
70 g Haselnüsse
2 EL Weißbrotbrösel
2 cl Calvados
Butter und Brösel für das Blech

FÜR DEN BELAG

2 Äpfel, Zimtstange, etwas Zucker

ZUBEREITUNG

Für die gefüllten Bratäpfel die Nüsse hacken und mit den restlichen Zutaten vermischen. Die ausgehöhlten Äpfel damit füllen und mit einigen Butterflocken belegen. Im heißen Rohr bei 170 °C braten, bis sie weich sind. Mit den anderen Komponenten möglichst dekorativ anrichten.
Für das Apfelsorbet die Äpfel mit Zimtstangen und den Orangen im Rohr weich schmoren. Passieren, mit etwas Zucker sowie Weißwein abschmecken und in einer Eismaschine frieren.

Für das Nussbiskuit das entrindete Toastbrot in Milch einweichen und passieren. Weiche Butter mit Zucker, Zitronenschale und einer Prise Salz cremig rühren. Dann die Dotter nach und nach einrühren. Eiklar mit 1 Esslöffel Zucker zu Schnee schlagen. Nun abwechselnd Nüsse, Brösel, Toastbrot und Schnee unter die Masse heben. Die Masse auf ein befettetes und gebröseltes Blech streichen und bei 160 °C etwa 20–25 Minuten backen. Auskühlen lassen und rund ausstechen. Mit Calavados tränken.

Für den Belag die Äpfel schälen und in Spalten schneiden. Gemeinsam mit der Zimtstange sowie etwas Zucker im Rohr andünsten und am Herd fertig karamellisieren. Auf dem ausgestochenen Nussbiskuit dekorativ anrichten. Das Sorbet auf etwas Preiselbeeren setzen und mit dem gefülltem Apfel und dem Apfelbiskuit servieren.

Grundrezepte

Fonds
Dressings
Teige

Rinds- oder Wildfond

ZUTATEN

750 g Rindfleischknochen und -sehnen
750 g Kalbsknochen
250 g Wurzeln (Karotten, Sellerie, Stangensellerie)
4 Schalotten
etwas Fett zum Anbraten
1 Paradeiser, 1 EL Paradeismark
10 Pfefferkörner
2 Lorbeerblätter
1 Rosmarinzweig

FÜR DEN WILDFOND

Statt Rindfleisch- Wildknochen oder Federwildkarkassen
Zusätzlich noch 5 Wacholderbeeren, 3 Pimentkörner
Thymianzweig

ZUBEREITUNG

Die Knochen auf einem Blech mit etwas Fett im Rohr bei 250 °C unter gelegentlichem Wenden ca. 30 Minuten schön braun rösten. Gemüse und Kräuter dazugeben und noch 20 Minuten mitrösten. (Durch gründliches Bräunen bekommt der Fond Geschmack und Farbe.)
Knochen mit den Wurzeln in einen Topf geben, Fett vom Blech abgießen und die Bratrückstände mit etwas kaltem Wasser aufkochen. In den Topf gießen.
Mit ca. 3 Liter kaltem Wasser aufstellen, aufkochen und ca. 4–5 Stunden ganz langsam kochen, damit der Fond nicht trüb wird.

Kalbsfond

ZUTATEN

1 kg Kalbfleischknochen und -sehnen
250 g Wurzelwerk (Karotten, Sellerie, Stangensellerie)
4 Schalotten
etwas Öl zum Anbraten
1 Paradeiser
1 EL Paradeismark
10 Pfefferkörner
2 Lorbeerblätter
1 Rosmarinzweig
2 l Wasser

ZUBEREITUNG

Die Knochen waschen und gut abtrocknen. Wurzeln waschen und schälen, Schalotten ebenfalls schälen.
Öl erhitzen und die Knochen gemeinsam mit dem Gemüse darin anbraten. Kräuter und Gewürze beigeben, Paradeiser und -mark einrühren und mit kaltem Wasser aufgießen.
Aufkochen und einige Stunden langsam vor sich hinköcheln lassen.
Durch ein feines Sieb abseihen und nach dem Erkalten entfetten.
Entweder weiter verarbeiten oder in kleinen Mengen einfrieren.

TIPP

Fonds sollten im Vorhinein niemals gesalzen werden, da der Geschmack beim späteren Reduzieren konzentrierter wird und sich das im Voraus nur schwer einschätzen lässt.
Der geschmacklich neutrale Kalbsfond ist eine ideale Basis für alle Saucen und sollte gleich in größeren Mengen zubereitet und in kleinen Gefäßen oder Eiswürfelbehältern tiefgekühlt werden.

Fischgrundsauce

ZUTATEN

40 g Schalotten
20 g Butter
20 g Stangensellerie, geschält und gewürfelt
20 g Knollensellerie, geschält und gewürfelt
750 ml Fischfond
125 ml Schlagobers
125 ml Weißwein
4 cl Noilly Prat
70 g eiskalte Butter, in kleine Würfel geschnitten
Salz, Pfeffer, Zitronensaft

ZUBEREITUNG

Die fein gehackten Schalotten in Butter andünsten. Stangen- und Knollensellerie beigeben und mit Weißwein sowie Noilly Prat aufgießen. Kurz reduzieren (einkochen lassen) und dann mit Fischfond auffüllen. Um die Hälfte reduzieren. Dann Obers zugießen und auf einen knappen halben Liter einkochen. Aufmixen und durch ein Spitzsieb passieren. Zum Schluss mit eiskalten Butterstückchen mit dem Stabmixer aufschlagen. Mit Salz, Pfeffer und Zitronensaft abschmecken.

Feigengelee

ZUTATEN

20 g Zucker
150 g Cassis (Johannisbeerlikör)
500 ml Portwein
750 g Feigen
Pfeffer, Salz

ZUBEREITUNG

Den Portwein mit Cassis und Zucker stark einreduzieren lassen (ca. auf ein Viertel). Dann die Feigen zugeben und mit Salz sowie Pfeffer abschmecken.

Balsamicodressing

ZUTATEN

330 ml Portwein
330 ml Madeira
5 cl Noilly Prat
250 ml junger Balsamicoessig
125 ml alter Balsamicoessig
1 EL Senf
500 ml Salatöl
500 ml gutes Olivenöl
1 EL Salz
etwas Zucker

ZUBEREITUNG

Portwein und Madeira um die Hälfte einkochen lassen. Noilly Prat und die übrigen Zutaten bis auf das Öl gut vermischen und in die Reduktion rühren. Überkühlen lassen. Das Öl langsam in dünnem Strahl fest einrühren. Abschmecken. Marinade in Schraubgläser füllen und kühl lagern (bis zu 3–4 Wochen haltbar).

Trüffelmarinade

ZUTATEN

60–70 ml Portwein
60–70 ml Madeira
250 ml kräftiger Geflügelfond
Sherryessig, Balsamicoessig
Trüffeljus und Öl nach Geschmack
Trüffelbrunoise (klein gehackte Trüffeln bzw. -abschnitte)
Salz, Zucker, Pfeffer

ZUBEREITUNG

Den Portwein gemeinsam mit dem Madeira einkochen. Mit Geflügelfond und Essig vermengen. Trüffeljus und Öl vermischen und mit den restlichen Zutaten abschmecken.

Maronivinaigrette

ZUTATEN

4 EL sehr guter Balsamicoessig (ca. 12 Jahre alt)
3 EL Honig
6 EL Sonnenblumenöl
60 g gekochte Maroni
20 g gehackte Haselnüsse
Salz, Pfeffer

ZUBEREITUNG

Den Balsamicoessig mit Honig und Sonnenblumenöl verrühren. Die gekochten Maroni ebenso wie die Haselnüsse klein hacken und zugeben. Mit Salz und Pfeffer abschmecken.

Die folgenden Dressing-Zutaten brauchen nur genau nach Rezeptur abgemischt zu werden und sind in der feinen Salat- und Vorspeisenküche vielseitig einsetzbar:

Nussdressing

ZUTATEN

6 cl Walnussöl
2 cl Haselnussöl
4 cl Olivenöl
4 cl Traubenkernöl
3 cl Sherryessig
2 cl Balsamicoessig
3 cl Sherry
3 cl Trüffeljus

Weißweindressing mit Kernöl

ZUTATEN

2 EßL Weinessig
4 EL Olivenöl
Dijonsenf
Salz, Zucker
Suppe
Kernöl nach Geschmack
geröstete Kürbiskerne

Dressing für Gemüsesalat

ZUTATEN

8 EL Sherryessig
8 EL Balsamicoessig
250 ml Rindsuppe
250 ml Olivenöl
2 EL Walnussöl
Salz, Pfeffer
1 EL eingelegter Kren
Schnittlauch
EL Senf

Dressing für Wurzelgemüse

ZUTATEN

4 cl Balsamicoessig
250 ml Sonnenblumenöl
60–70 ml Olivenöl
etwa 125 ml Rindsuppe
2 EL süß-scharfer Senf (Haussenf)
frisch geriebener Kren
Salz, Pfeffer

Mürbteig mit Zucker

ZUTATEN

400 g Mehl (Meister)
200 g Butter
130 g Puderzucker
Vanillezucker
1 Msp. Salz
1 Eidotter
ca. 2 EL Milch

ZUBEREITUNG

VARIANTE I (alte Zubereitung)

Mehl auf die Arbeitsfläche sieben, in die Mitte eine Mulde drücken und die weiche Butter, Zucker, Salz, Vanillezucker sowie Eidotter hineingeben. Mit der Hand durchmischen. Dann das Mehl schnell unterwirken und zum Schluss die Milch beifügen. Je nach gewünschter Festigkeit des Teiges etwas weniger oder mehr Milch einarbeiten. (Den Teig möglichst wenig bearbeiten, da er rasch bröckelig wird.) Im vorgeheizten Backrohr bei 180 °C backen. Die Zeit richtet sich je nach Größe und Stärke des Gebäcks.

VARIANTE II (moderne Zubereitung)

Weiche Butter, Mehl, Staubzucker, Vanillezucker und Salz der Reihe nach in den Rührkessel geben. Zum Schluss das Eidotter sowie Milch zugeben und alles mit dem Rührarm in der Rührmaschine zu einem glatten Teig rühren. Dann 6–8 Stunden durchkühlen lassen.

Nudelteig I

ZUTATEN

300 g doppelgriffiges Mehl
2 Eier
4 Eidotter
etwas Salz
nach Bedarf 1 EL Wasser

ZUBEREITUNG

Das Mehl auf die Arbeitsfläche schütten und eine Mulde formen. Sämtliche Zutaten in die Mulde geben und mit Hilfe einer Gabel in kreisenden Bewegungen miteinander verrühren, bis ein dickflüssiger Teig entsteht. Den Teig mit beiden Händen gut abarbeiten und dabei – falls notwendig – noch etwas Wasser einarbeiten. Nochmals gut abkneten, dabei den Teig immer wieder auseinanderziehen und wieder zusammenschlagen. Den schließlich glatten Teig in eine Folie schlagen und mindestens 2 Stunden rasten lassen. Anschließend nach Wunsch ausrollen und verarbeiten.

TIPP

Dieser Nudelteig eignet sich optimal für Ravioli, Tortellini und andere Nudeltäschchen.

Nudelteig II

ZUTATEN

300 g Mehl
(oder Hartweizengrieß)
1 Ei
8 Eidotter
1 EL Öl
1/2 TL Salz
nach Bedarf 1–2 EL Wasser

ZUBEREITUNG

Mehl auf die Arbeitsfläche häufen und mit sämtlichen Zutaten wie im Rezept Nudelteig I beschrieben verarbeiten.

TIPP

Dieser Nudelteig eignet sich optimal für Tagliatelle, Bandnudeln und andere Nudelarten, bei denen der volle Geschmack der nicht sparsam verwendeten Eier gut zur Geltung kommen kann.

Register

Vorspeisen

Suppen

Zwischengerichte

Fisch und Meeresfrüchte

Fleisch

Innereien

Desserts & Käse

Grundrezepte